汽车后市场从业胜经

汽车4S店财务管理实务与案例

王晓菲 编著

机械工业出版社

《汽车4S店财务管理实务与案例》以财务人员的视角，结合4S店业务从基础账务处理出发，涵盖制度、流程、数据化分析、内控、资金、税务等方面，全面讲解4S店财务人员应具备的技能和职业操守，并通过日常业务案例来分析企业在财、法、税方面面临的风险以及应对之策。

《汽车4S店财务管理实务与案例》改变了4S店内财务仅做凭证、做账的基础定位，旨在用财务分析为管理者的决策提供支持，将日常经营管理的风险防患于未然，非常适合汽车4S店财务人员和相关经营管理人员阅读使用。

图书在版编目（CIP）数据

汽车4S店财务管理实务与案例/王晓菲编著.—北京：机械工业出版社，2019.8（2025.1重印）

（汽车后市场从业胜经）

ISBN 978-7-111-64495-8

Ⅰ.①汽… Ⅱ.①王… Ⅲ.①汽车-专业商店-财务管理 Ⅳ.①F717.5

中国版本图书馆CIP数据核字（2020）第007622号

机械工业出版社（北京市百万庄大街22号　邮政编码100037）

策划编辑：李　军　责任编辑：李　军

责任校对：宋逍兰　封面设计：马精明

责任印制：单爱军

北京虎彩文化传播有限公司印刷

2025年1月第1版第9次印刷

184mm×260mm·7.75印张·184千字

标准书号：ISBN 978-7-111-64495-8

定价：50.00元

电话服务　　　　　　　　　　网络服务

客服电话：010-88361066　　机 工 官 网：www.cmpbook.com

　　　　　010-88379833　　机 工 官 博：weibo.com/cmp1952

　　　　　010-68326294　　金 书 网：www.golden-book.com

封底无防伪标均为盗版　机工教育服务网：www.cmpedu.com

前言 PREFACE

汽车4S店自20世纪90年代末进入我国市场后，经过多年的蓬勃发展，截止到2017年年底国内拥有28000家左右的汽车4S店，市场竞争越来越激烈，汽车4S店的管理也从粗犷型转变为精益型，财务管理的重要性逐渐凸显。笔者先后在恒信、北汽等汽车经销商集团历任财务经理、财务总监，并从事多家汽车经销商集团财务咨询工作。笔者在多年的工作实践中体会到：随着近年来4S店寒冬期的来临，存货管理混乱、资金紧张、人员绩效不合理等一系列的经营管理问题逐渐暴露出来，有相当多的投资人、总经理尚未对财务数据具有一定的敏感度，并且有相当多的4S店财务人员也还停留在"账房先生"的阶段，缺乏管理会计及时发现问题和为经营决策提供数据分析的能力，这进一步加剧了汽车4S店出现众多"一拍脑袋任务来"的局面。针对这一局面，笔者坚定地认为：在汽车4S店懂业务的财务才是好财务。基于这一理念笔者编写了本书。在编写期间，笔者始终坚持本书的编写宗旨——立足业务、支持管理、实用性强。本书以下几个方面的特点体现了这一宗旨：

第一，适用于国内的汽车4S店财务人员和相关经营管理人员。书中所涉及的会计核算方法、制度方法、税收政策，符合中国现行的法规制度，有利于汽车4S店经营管理人员了解我国会计工作、会计管理、税收政策的现状。

第二，懂业务的财务才是汽车4S店的好财务。本书并未按照会计要素和财务报表的顺序设置章节，而是通过对汽车4S店业务的逐层分解，按照业务类型和发生顺序编排内容，便于店内财务人员厘清业务；同时也有利于店内非财务专业的经营管理人员学习、思考和掌握财务知识，具备财务思维，达到业财融合的效果。

第三，实用性强。笔者在多年的工作中发现，很多财务管理方案要么落地可操作性差，要么操作风险太大，并不实用。笔者根据自己多年的实战经验化繁为简，总结出简单方便、可操作性好的方案，覆盖了汽车4S店所有业务，实用性强，且易操作。

在此，感谢给予笔者支持的领导、同事们，以及在日常交流与反馈中带给我诸多案例的学员们，是你们的帮助，使得本书内容更加丰富，贴合实际。

由于财务管理实践和税务法规还都处在不断发展中，书中缺点乃至错误恐难避免，恳请各位读者不吝指正，使本书日益完善。

王晓菲

第 1 章 Chapter 1

账 务 处 理

今天是小王正式接手整车会计工作的第一天，对于他来说内心还是很激动的，毕竟从收银人员一路走来，也不容易。但是，刚接手他就犯愁了，愁什么呢？他原先是做出纳的，对整车流程不熟悉呀。不熟悉业务，怎么做账呢？领导这时候带着售后会计小马一起过来了，对小王说，"小王，你先跟小马聊聊整车会计的业务流和财务流，好让自己能尽快地进入这个角色，然后你俩办一下交接。"

小马是带着交接单过来的，坐下就说："小王，整车业务其实很简单，分为新车采购及销售、精品采购及销售、其他衍生收入、成本的核算及其他跟整车相关的业务，今天上午咱俩先说一下整车采购。"

第 1 节 筹 资

4S店的行业特性就是单车成本大，所以除了新建店融资手续没有办下来之外，一般不会用自有资金去采购整车，更多是采用融资的方式采购。融资方式有三种：第一种是流动贷款、第二种是承兑汇票、第三种是厂家库存融资。

一、融资方式

1. 流动贷款

以自己的房产、地产作为抵押物，向银行借的一笔款项。这种贷款的优点是流通性强，这笔钱可以用来采购整车、支付相关费用，也可以用来采购固定资产等。缺点是需要有自己的房产或地产，对于租用他人店面的4S店来说，就不能采用这种方式。

2. 承兑汇票

以整车合格证作为抵押物，银行委托第三方监管机构驻店对该店车辆进行实时管理，车辆离店（调到已经备案过的二网除外）第一时间将该车款项归还给银行才能拿到合格证。这种融资方式的优点是不需要房产或地产，用库存整车合格证作为抵押即可，并且利率会偏低一些，有些银行甚至是零利率，只收取少量手续费。缺点是三方监管管理比较严格，把库存车调到没有备案的二网也需要办理赎证（归还银行）的手续，而且一张承兑汇票最长只能开半年时间，还款周期比较长，这对于销量不好的4S店，如果资金管控的不够精细，还款压力就会相对较大。

3. 厂家库存融资

4S店拿到授权后，就可以和厂家金融企业申请厂家库存融资，厂家库存融资无需抵押任何物质，额度内循环使用。优点是厂家金融的政策比较好，比如免息期、采购车辆付款账期等。缺点是通过厂家库存融资采购的车辆，需要在车辆销售的24小时或48小时以内，将该车辆车款偿还给厂家金融，否则就会付出很大的代价。

小王听完——记下，回想着之前的出纳工作内容，只接触过付款和收款的部分，至于会计的账务处理怎么做，他一直不太清楚。现在发现好像三种融资方式区别很大，但还是觉得自己没有领悟到要点，心里想着要好好跟小马了解业务的流程，这样才能知道具体的区别都是哪些。

二、日常管控及账务处理

正想着，小马又开始说："刚说了三种融资方式，接着我们来看看这三种融资方式的日常控管和账务处理。"

1. 流动资金借款业务

（1）日常管控

根据借款合同入账，载明借款日期、还款日期、年利率。

财务部设台账进行明细管理（台账需体现：贷款金额、借款起止日、年利率、所属 VIN 号等），见表 1-1。

表 1-1　X 月借款使用明细　　　　　　　（单位：万元）

区分	使用方式	使用金额	使用期限	融资银行	借款、开票日期	到期日	利率	车架号
1	流动资金借款							
2								
3								
4								
5								
6								
7								
8								
9								
10								
11								
12								
总　　计								

（2）账务处理

取得短期流动资金借款时：

例如：与××银行签订流动借款一份，借款金额 500 万元，借款期间：2018 年 1 月 1 日至 2018 年 12 月 31 日，年利率 5%。

摘要：收到××银行流动资金借款（2018 年 1 月 1 日至 2018 年 12 月 31 日）。

会计分录：

$$借：银行存款 500 万元$$
$$贷：短期借款 500 万元$$

支付借款手续费时：

根据借款前与协议银行商讨，支付××银行借款手续费。

例如：与××银行签订流动借款一份，借款金额 500 万元，贷款期限一年，向银行支付 1 万元手续费。

摘要：支付××银行流动资金借款手续费。

会计分录：

$$借：财务费用——银行手续费 1 万元$$
$$贷：银行存款 1 万元$$

偿还短期流动资金借款及利息到期还本付息时：

例如：与××银行签订流动借款一份，借款金额 500 万元，贷款期间：2018 年 1 月 1 日 至 2018 年 12 月 31 日，年利率 5%，到期还本付息，本金 500 万元，利息 25 万元。

摘要：偿还××银行流动资金借款本金（2018 年 1 月 1 日至 2018 年 12 月 31 日）。

会计分录：

$$借：短期借款 500 万元$$
$$贷：银行存款 500 万元$$

2. 承兑汇票业务

业务流程见表 1-2。

表 1-2　业务流程

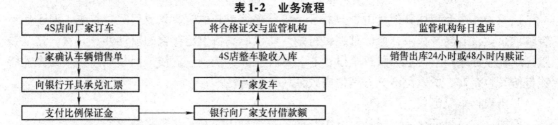

（1）日常管控

依据承兑汇票票面入账，载明票号、借款起止日、保证金财务部设台账进行明细管理（台账需体现：票号、借款起止日、票面金额、保证金、敞口金额、所属 VIN 号等），见表 1-3。

表 1-3　承兑汇票融资情况明细表　　　　　（单位：元）

序号	开票日期	到期日期	开票金额	承兑票号	保证金20%	+敞口金额80%	回填日期	-回填敞口金额80%	应回填差额
1									
2									
3									
4									
5									
6									
7									
8									
9									

（续）

序号	合格证到库时间	车辆型号	车架号	合格证号	开票金额	赎证日期	赎证金额	客户名称	销售顾问	保证金取证
1										
2										
3										
4										
5										
6										
7										
8										
9										

（2）账务处理

开出银行承兑汇票业务支付银行承兑汇票保证金时：

例如：2018年1月1日开具××银行半年承兑汇票用于采购整车5辆，票面金额200万元，保证金15%，支付保证金30万元，票号：×××。

摘要：支付××银行承兑汇票保证金。

会计分录：

借：其他货币资金——承兑保证金30万元
贷：银行存款30万元

这里为什么会使用其他货币资金而不是银行存款或其他应收款科目呢？首先，对于保证金款项企业没有转账权限，操作都在银行端，所以不具备银行存款的流动性；其次，这笔钱是打到企业的账户上，这个账户是以企业名称开立的，是企业的钱，而其他应收款是企业将钱打给其他企业，所以也不具备其他应收款科目的特性。

开出银行承兑汇票给厂家时：

例如：支付保证金后，当日××银行向厂家支付200万元整车采购款。

摘要：支付厂家银行承兑汇票。

会计分录：

借：应付账款200万元
贷：应付票据——银行承兑汇票200万元

支付银行承兑汇票手续费时：

例如：开具承兑汇票手续费为4‰，票面金额200万元，手续费为8000元。

摘要：支付××银行承兑汇票手续费。

会计分录：

借：财务费用——银行手续费8000元
贷：银行存款8000元

银行承兑汇票到期付款时：

承兑汇票到期还款时，4S店只需将除保证金之外的款项直接打给××银行，保证金户款项银行自动扣除。

例如：×××票号承兑汇票于 2018 年 6 月 30 日到期。到期日，××银行从保证金户自动划转 30 万元，4S 店还需支付 170 万元。

摘要：支付××银行承兑汇票款。

会计分录：

$$借:应付票据——银行承兑汇票 200 万元$$
$$贷:银行存款 170 万元$$
$$其他货币资金——承兑保证金 30 万元$$

如果是企业先将保证金户的钱转至企业的结算户，再由结算户统一还款，则会计分录为

摘要：保证金户转账至结算户。

$$借:银行存款 30 万元$$
$$贷:其他货币资金——承兑保证金 30 万元$$

摘要：支付××银行承兑汇票款。

$$借:应付票据 200 万元$$
$$贷:银行存款 200 万元$$

3. 厂家库存融资业务

业务流程见表 1-4。

表 1-4　业务流程表

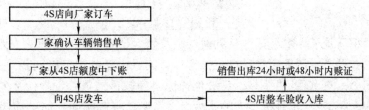

（1）日常管控

财务部设台账进行明细管理（台账需体现：VIN 号、融资日期、免息期间、计息日期、车辆金额等），见表 1-5。

表 1-5　厂家金融台账

序号	记账时间	车架号	融资金额	免息期间	计息日期	赎证日期	还款金额	客户名称	销售顾问	合格证号	利息	手续费
1												
2												
3												
4												
5												
6												
7												
8												
9												
10												
11												
12												
13												
14												

（2）账务处理

通过厂家结算系统采购车辆时，销售计划员在厂家结算系统中成功向厂家订车一辆，并且已查到厂家过账信息。

例如：2018 年 1 月 1 日销售计划员小王成功向厂家订车 ML 一辆，VIN 号 123456，含税 40 万元，厂家当日结算系统已显示此车挂账给经销店。

摘要：厂家库存融资 VIN 号 123456。

会计分录：

借：应付账款 40 万元

贷：短期借款 40 万元

车辆销售，赎证时（相当于还款给厂家）：

车辆销售开票 24 小时内，由财务人员在结算系统中做赎证操作，将该车款偿还厂家金融。

例如：2018 年 1 月 5 日销售 ML 一辆，VIN 号 123456，出纳当日将款项存于厂家金融指定账户，并在结算系统中做赎证操作。

摘要：赎证 VIN 号 123456。

会计分录：

借：短期借款 40 万元

贷：银行存款 40 万元

讲完这些，小马看了一眼小王，只见他一脸懵懂，就安慰道："小王，你别担心，做做熟悉熟悉就好了，再说，不是还有我在嘛，有什么问题你随时都可以问我。"听到这话，小王顿时安心了不少，问小马："小马，我看你前面讲的都是借钱、贷款什么的，是不是下面就该讲车辆采购入库了？"小马打了个响指说："你还是很聪明的，如果前面的内容你吸收得差不多，我就给你讲日常业务了，另外还要把风险管控考虑进去，4S 店的内控漏洞还是很多的，我们得盯紧点，免得被钻空子，不然我们就倒霉了。"小王心里想着压力好大呀，但嘴上却说："保证完成任务，那我们开始吧。"

第 2 节　日　常　业　务

一、整车采购业务

"先说整车采购，我们需要做一张整车的进销存报表，这张日报需要每天跟我们的账核对，核对内容包括数量及金额，以防账表不符。而且会计结账也是日清月结，这与你在出纳时是一样的，具体怎么日清月结，讲完你就清楚了。我们先说进销存，这张表很大，内容也比较多。其中，'进'需要体现的内容有：车型、车架号、颜色、厂家挂账日期（用厂家库存融资方式采购的）、所属的银行借款日期（用流动借款和银行承兑汇票采购的）、利率、单车佣金、采购价格、合格证是否在库（用来每日盘点在库合格证）、车辆每日利息、当月利息、自采购回来后的累计利息。"

"这是会计每天都要做的?"小王一脸紧张地问。

"是的,不过我已经全部设置好公式了,你只需要把后面的基础数据表格复制进来就可以了,进销存报表内容会自动生成的。"小马自豪地讲到。

"小马,你可以教教我 EXCEL 公式吗?"小王瞬间觉得小马好优秀,自己要向她多学习。

"没问题,等说完这些我给你讲,我们先说一下采购,采购分下面几种情况。"

1. 票到车未到

1)按发票金额做在途物资处理(如果发生在月末,要进行如下账务处理,非月末不用处理,仅核对厂家往来)。

例如:4S 店根据厂家结算系统需支付整车款 100 万元,其中包括一辆 A 车型,采购价格 70 万元(不含税),一辆 B 车型,采购价格 25 万元(不含税)。

后附原始单据:厂家结算系统截屏、发票。

摘要:从厂家采购 A、B 各一辆。

会计分录:

借:在途物资 95 万元

应交税费——应交增值税(进)15.2 万元

贷:应付账款/预付账款 110.2 万元

2)次月入库

例如:4S 店从厂家采购 A 型车一辆(采购价格 75 万元)和 B 型车一辆(采购价格 25 万元),库管人员检查车辆并办理入库手续,打印入库单与财务人员进行交接。

后附原始单据:车辆运输单(有运输单位红章的)、整车入库单。

摘要:从厂家采购 A、B 各一辆入库。

会计分录:

借:库存商品——A 70 万元

库存商品——B 25 万元

贷:在途物资 95 万元

2. 票车一起到

例如:财务部收到厂家采购整车发票,发票明细:A 型车一辆采购价格 70 万元(不含税),B 型车一辆采购价格 25 万元(不含税),两辆车辆采购价格合计 95 万元(不含税)。

后附原始单据:厂家结算系统截屏、发票、车辆运输单(有运输单位红章的)、整车入库单。

摘要:从厂家采购 A、B 各一辆入库。

会计分录:

借:库存商品——A 70 万元

库存商品——B 25 万元

应交税费——应交增值税(进)15.2 万元

贷:应付账款/预付账款 110.2 万元

3. 车到票未到

1)按系统金额暂估入库(如果发生在月末,要进行如下账务处理,非月末不用处理,仅核对厂家往来）。

例如：财务收到车辆库管员填制的车辆入库单，显示整车实物入库 A、B 各一辆，登录厂家结算系统对照车辆信息及采购价格，暂估入库。

后附原始单据：厂家结算系统截屏、车辆运输单（有运输单位红章的）、整车入库单。

摘要：暂估入库 A、B 各一辆。

会计分录：

> 借:库存商品——暂估入库 95 万元
> 其他应收款——暂估进项税 15.2 万元
> 　贷:应付账款/预付账款 110.2 万元

2）次月收到发票。

例如：财务部收到暂估入库的厂家车辆发票，发票明细 A 一辆，价格 70 万元（不含税）；B 一辆，价格 25 万元。

后附原始单据：发票。

摘要：入库 A、B 各一辆。

会计分录：

> 借:库存商品——暂估入库 -95 万元
> 其他应收款——暂估进项税 -15.2 万元
> 　贷:应付账款/预付账款 -110.2 万元
> 借:库存商品——A 70 万元
> 库存商品——B 25 万元
> 应交税费——应交增值税(进)15.2 万元
> 　贷:应付账款/预付账款 110.2 万元

4. 发生退票或退车给主机厂的情况

1）票到车未到，退票给主机厂。

例如：4S 店从厂家采购商品车 A 一辆，不含税价格 75 万元，采购发票已经收到并且认证入账，未收到车辆时，厂家发现车辆问题，要求经销商店给主机厂开具红字发票通知单。

后附原始单据：红字发票通知单复印件。

摘要：退主机厂采购整车 A 一辆。

会计分录：

> 借:在途物资 -75 万元
> 　贷:应付账款/预付账款 -87 万元
> 应交税费——应交增值税(进)12 万元

2）车到票未到，退车给主机厂。

例如：4S 店从厂家采购商品车 A 一辆，车辆已验收入库，未收到发票，财务部暂估入库价格 75 万元，之后库管员发现车辆有质量问题与厂家协商退车。

后附原始单据：采购负入库单或采购退库单。

摘要：退车 A 一辆。

会计分录：

> 借:库存商品——暂估入库 -75 万元

其他应收款——暂估进项税 – 12 万元

贷:应付账款/预付账款 – 87 万元

以上为采购内容,这里需要注意的是与供应商的往来。后面会讲到的与客户的往来、员工的往来科目,每月月底都必须核对一次,且往来金额必须一致。

二、整车销售业务

"前面讲的这些就是与采购相关的所有账务处理了,还有不清楚的吗?小王。"小马问。

"暂时没有了,小马,等做账的时候发生问题我再问你。"

"好的,那我就接着讲了。"小马接着说:"采购的部分结束了,就该讲与整车销售相关的业务了,这部分内容比较多。对于整车销售,我们也要每天做台账管控,前面我们讲了关于'进'的内容,现在我们来说'销'的报表内容,主要包括:车型、VIN 号、发票号码、客户信息、销售顾问信息、整车销售价格、整车成本、整车毛利、精品收入金额、精品成本、精品毛利、验车上牌收入、验车上牌支出、验车上牌毛利、商业保险金额、交强险金额、按揭首付款、按揭服务费、按揭款到账日期、按揭款到账金额、贴息金额。这些内容都是由收银人员在收银日报中填写好的,会计只需要每天更新记入台账就可以了。"

1. 分次收款完成销售

1)收取订金时。切记不得写"定金",因为合同法规定给付定金的一方不履行约定债务的,无权要求返还定金;收受定金的一方不履行约定债务的,应当双倍返还定金。不要仅看见前面一句"无权要求返还定金",还要看看后面一句"双倍返还定金",例如没有满足合同交付日期,例如颜色不是合同约定颜色等都有可能造成双倍返还定金。而对于订金则无类似法律规定。所以选择"订金",4S 店就不会有太大风险。

例如:预收×××刷卡订 A 一辆订金 2 万元。

后附原始单据:收据记账联、POS 刷卡凭条复印件(POS 刷卡凭条纸是热敏纸,上面的字存放一段时间就没有了,所以保险起见,要再复印一下)或银行进账单。

摘要:预收×××订 A 一辆订金 2 万元。

会计分录:

借:其他货币资金 19980 元

财务费用——手续费 20 元

贷:预收账款 20000 元

2)收尾款,完成销售时。

例如:2018 年 5 月 31 日,×××到店采用 POS 刷卡方式交尾款、开具整车发票,车辆全款 30 万元。车架号为 163428。

后附凭证:POS 刷卡凭条、预收款收据、发票记账联、整车销售结算单。

摘要:销售车辆一辆,客户×××,车架号 163428。

会计分录:

借:其他货币资金 279980 元

财务费用——手续费 20 元

预收账款 20000 元

贷:主营业务收入——整车收入 258621 元

应交税费——应交增值税(销)41379元

为什么POS刷卡要进其他货币资金科目核算呢？因为POS刷卡的款，第二天才能到自己的账户，刷卡当天这些款项4S店并不能自由使用，不具有流通性，故不能作为银行存款。

3）同时要结转成本（整车业务一车一成本，要一一对应，配件收入可以月末做一次，整车必须同步）。

例如：2018年5月1日，结转×××整车成本20万元，车架号163428。

后附凭证：整车出库单。

摘要：结转×××整车成本（车架号163428）。

会计分录：

借：主营业务成本20万元
贷：库存商品20万元

2. 一次性交全款完成整车销售及精品收入、代收代付业务

1）收款、开具整车发票、精品发票（客户不要可不开具）。

例如：收×××款项80万元，POS刷卡方式，其中包括购A车型一辆，车架号384215，车价约70万元，购厂商精品款1万元，代收保险费1.5万元，代收购置税7.5万元。

后附原始单据：POS刷卡凭条复印件、整车发票记账联、精品发票记账联（客户不要可不开具）、整车销售结算单。

摘要：×××购A整车收入（车架号384215）、精品收入、代收保险费、代收购置税。

会计分录：

借：其他货币资金79.998万元
财务费用——银行手续费20元
贷：主营业务收入——整车68.97万元
其他业务收入——精品0.86万元
应交税费——应交增值税(销)11.17万元
其他应付款——代收保险费1.5万元
其他应付款——代收购置税7.5万元

2）同时结转成本。

例如：同时结转车架号为384215的整车成本，成本价为50万元。

后附原始单据：整车出库单。

摘要：结转×××整车成本（车架号384215）。

会计分录：

借：主营业务成本——整车50万元
贷：库存商品50万元

3）月末结转精品成本。

例如：月末结转非厂商精品成本7000元（精品、配件成本可以一个月结转一次）。

后附原始单据：当月精品出库汇总单。

摘要：结转精品成本。

会计分录：

借:其他业务成本——精品 7000 元
　　贷:库存商品 7000 元

三、验车上牌服务业务

经销商店代收代付验车上牌费,差额交税,此项收入属于税法规定的混合销售,即这两类经营项目是在同一销售行为中发生的,换句话说,就是因为买车,4S 店才会提供服务,交纳增值税 16%。

例如:收×××验车上牌费 1500 元,其中代收车管所费用 800 元,上牌服务收入 700 元。

后附原始单据:POS 刷卡凭条及复印件、内部付款流程单据、车管所交纳费用单据。

摘要:代收×××验车上牌费、支付×××上牌服务费、×××验车费。

会计分录:

借:其他货币资金 1500 元
　　贷:其他应付款——×××1500 元
借:其他应付款——×××1500 元
　　贷:银行存款 800 元
　　　　其他业务收入 603 元
　　　　应交税金——应交增值税(销) 97 元

四、代付保险费

4S 店将收车款时,同时代收的保险费支付给保险企业。
例如:代付×××保险企业保险费 1.5 万元。
后附原始单据:内部支付审批证明、银行水单、保单复印件。
摘要:代付×××保险企业保险费。
会计分录:

借:其他应付款——代收保险费 1.5 万元
　　贷:银行存款 1.5 万元

五、代付购置税

4S 店将收车款时同时代收的购置税支付给税务部门。
例如:代付××× 购置税 7.5 万元。
后附原始单据:内部支付审批证明、POS 刷卡凭条复印件、完税证明复印件。
摘要:代付×××购置税 7.5 万元。
会计分录:

借:其他应付款——代收购置税 7.5 万元
　　贷:银行存款 7.5 万元

六、销售退车、退票

客户购买的车辆发生质量问题,或因厂家召回原因,造成给客户退车、退票、退款。

例如：×××购 A 一辆，车架号 384215，车辆销售价格 75 万元，车辆成本 60 万元，精品销售金额 1 万元，成本 0.5 万元，代收服务费 0.1 万元，由于车辆质量问题要求退车。

后附原始单据：负数发票、内部支付审批证明、转账水单、第三方车辆质量问题质检证明文件。

摘要：客户×××退车 A、车架号 384215、退精品款、退服务费。

会计分录：

借：银行存款 88.28 万元
　　贷：主营业务收入——整车 75 万元
　　其他业务收入——精品 1 万元
　　其他业务收入——服务费 0.1 万元
　　应交税费——应交增值税（销）2.18 万元
借：主营业务成本——整车 60 万元
　　其他业务成本——精品 0.5 万元
　　贷：库存商品——整车 60 万元
　　库存商品——精品 0.5 万元

七、咨询代办费

随整车出售时一同出售，衍生收入之一，毛利率 100%，计算公式：按贷款车辆贷款额乘 4S 店内规定比例收取咨询代办费，属混合销售，增值税税率 16%，咨询代办费在填写的时候，写为"服务费"，因 4S 店并没有金融资质，所以对客户的单据中，不能体现出"金融"二字，否则客户举报，会有风险。

例如：×××购车贷款 30 万元，4S 店收取 5% 咨询代办费，合计金额 1.5 万元（含税）。

后附原始单据：按揭贷款计算单、POS 刷卡凭条复印件、发票（混合销售开具发票时，开具项目为"整车销售"，右下角备注栏填写"服务费"）。

摘要：收×××咨询代办费。

会计分录：

借：其他货币资金 1.5 万元
　　贷：主营业务收入——服务费 1.29 万元
　　应交税费——应交增值税（销）0.21 万元

八、保险返利（新保、续保）

每家 4S 店都有合作的驻店保险企业，在店内出保险的保单，保险企业会按保险费比例给 4S 店一笔返利。每家保险企业商业险的返利比例都不同，大的保险企业返利比例较低，但送修比较高；小的保险企业返利比例较高，但送修比不够。交强险返利比例不论保险企业规模大小，比例都相同（送修比可咨询所在店的售后事故专员进行了解）。

保险返利核算方式有两种：一种是权责发生制，比例是固定的，财务人员在月底按自己统计或保险专员统计保险费金额计算保险返利计提保险返利；另一种是收付实现制，保险企业当月发生保险费，次月返利，次月与 4S 店财务人员核对无误后结算。本例采用权责发生制。

例如：4S 店 2018 年 5 月 31 日计提当月保险返利 2 万元（不含税）。

后附原始单据：当月保单统计清单（保险专员、财务人员）。

摘要：计提 5 月×保险企业返利。

会计分录：

借:其他应收款——×保险企业 2.32 万元

贷:其他业务收入——服务费 2 万元

应交税费——应交增值税(销)0.32 万元

九、二手车中介佣金

没有二手车交易资质的 4S 店，可以采用中介佣金方式收款，买卖双方自行交易，4S 店作为中间人，既不从卖方收车也不向买方收款，只作为介绍人，给买卖双方传信，最终帮助双方在价格上达成共识，促成交易，向卖方收取一定比例的中介服务费或定额服务费，按 6% 税率缴纳增值税。

有二手车交易资质的 4S 店，需要向卖方（个人）收车并将车辆所有权过户到自己企业名下，再寻找买家（个人），谈妥价格后，收取买家车款再将车辆过户给买方，赚取中间差价，销售旧货按 3% 作价税分离乘 2% 税率计算缴纳增值税。如果卖方为企业的话，销售车辆开具 16% 增值税专用发票，4S 店按 16% 税率缴纳增值税。

本例中以没有二手车交易资质的 4S 店为例。

例如：收到×××二手车中介佣金 1 万元。

后附原始单据：合同复印件、服务费发票、现金收据或 POS 刷卡凭条复印件。

摘要：收到×××二手车中介佣金。

会计分录：

借:其他货币资金 1 万元

贷:其他业务收入——服务费 0.86 万元

应交税费——应交增值税(销)0.14 万元

十、金融分期业务

1）客户利用厂家金融融资购车，收到厂家金融融资确认书时。

例如：2018 年 5 月 31 日客户×××到店交纳购 A 一辆订金 2 万元，合同约定：整车款 75 万元（含税），咨询代办费 2 万元、上牌服务费 1 万元、精品 2 万元，共计 80 万元。车架号为 123456，客户利用厂家金融贷款 20 万元，2018 年 6 月 3 日收到厂家金融融资确认书，客户到店交尾款。

后附原始单据：预收款收据客户联、POS 刷卡凭条复印件、整车发票、精品发票、服务费发票（精品、服务费发票客户不要可不开具）、个人融资确认书（厂家金融出具）、4S 店内个人贷款计算表（金融专员签字、金融经理签字、销售经理签字）。

摘要：×××个人贷款销售车辆一辆，车架号 123456，整车收入、服务费收入、精品收入。

会计分录：

借:其他货币资金 58 万元

预收账款 2 万元

应收账款——×××20 万元

贷:主营业务收入——整车 64.66 万元

其他业务收入——精品 1.72 万元

其他业务收入——服务费 1.72 万元

其他业务收入——验车上牌服务费 0.86 万元

应交税费——应交增值税(销)11.04 万元

2)收到厂家金融企业放款时。

车辆销售后，由上牌人员上牌购保险后，将发票信息、上牌信息上传至厂家金融系统。厂家金融企业审核通过后，放款给 4S 店，放款金额小于贷款金额，差额为贴息，由厂家以返利方式返给 4S 店。4S 店收到款项后，方可对该车辆放行。

例如：2018 年 6 月 10 日收到厂家金融企业放款 19.5 万元。

后附原始单据：银行水单。

摘要：收到×××厂家金融放款。

会计分录：

借：银行存款 19.5 万元

应收账款——×××0.5 万元

贷：应收账款——×××20 万元

这里为什么会有两个应收账款呢？因为两个应收账款的对象不同，20 万元的应收账款对象是厂家金融企业，而 0.5 万元的应收账款对象为厂家。二级明细使用客户名称挂账，如果用金融企业或厂家挂账，后期对账不好核对。

十一、其他临牌收入、代办年审和违章收入

现在 4S 店是提供一条龙服务，只要客户需要，4S 店都会帮忙解决，从而赚取差额服务费。如果这几项服务与销售车辆无关，就按 6% 计算增值税，若与销售车辆有关则按 16% 计算增值税，下面的案例假定无关。

例如：2018 年 6 月临牌收款 10000 元、支出代办费 5000 元；年审和违章收款 5000 元，支出 1000 元。

后附原始单据：POS 刷卡凭条复印件、内部支出审批单、职能部门开具的财政收据复印件。

摘要：2018 年 6 月代办服务费。

会计分录：

借:其他货币资金 1.5 万元

贷:其他应付款——临牌 1 万元

其他应付款——年审、违章 0.5 万元

借:其他应付款——临牌 1 万元

其他应付款——年审、违章 0.5 万元

贷:其他业务收入——代办服务费 0.85 万元

应交税费——应交增值税(销)0.05万元

银行存款0.6万元

"小王,上面就是整车及相关收入的所有账务处理了,你如果做账时候遇到不会的再问我。"

"好的,谢谢小马,我会加油的!不让你和经理失望。"

时光飞逝,一转眼小王已经干了两年的整车会计了。今天,集团的任命下来了,店里的财务经理因为综合能力强被调往总部,升任目前店面所在省份的区域总监,店里财务经理的职位由小马接任。鉴于小王这两年的表现,小马提升小王做了总账会计。晚上小马请大家一起吃饭。一来祝贺老领导的升迁以及这些年他对自己的照顾;二来感谢各位同事的支持,特别是小王,这些年在店里兢兢业业的,业务基础扎实,人也稳重,希望他做了总账会计以后能继续努力,更上一层楼。

次日,小马一上班就来到小王的办公桌前,小王紧张地看了一眼小马说:"马经理,有什么吩咐?"小马一看小王的紧张样,就笑着说:"紧张什么,我今天来跟你交接工作,你现在是总账会计了,工作内容就跟之前的不一样了。你先跟我交接,交接完了你找小翠把销售部分的工作再交接给她,我们都在一起办公,有什么问题,及时问。"

"好的,马经理。"

"我还是喜欢听你叫我小马,更亲切。"小马笑着说。

"那我在同事面前还是叫你马经理,私下还是像以前一样吧。"

"好的,那我们开始吧。"

"好。"

十二、售后维修业务

小马接着说:"总账会计的工作内容就不只是做做账、做做日报就可以了,还要关注每天的数据变动,发现有业务数据变动异常一定要告诉我,我要去跟业务部门沟通,商量解决方案,再由财务监督,监督的工作就是交给你的。除了这个,还有内控、整车的每个业务流程你现在已经精通了,但是售后的部分你还不太了解,需要花一段时间去深入了解。只有了解了业务中每个环节的流程,你才有资本说内控,否则都是空谈,所以让你现在把售后维修的账也带着做,能更快地了解业务流程。售后维修业务不像整车销售,衍生收入没有那么多,但售后维修分为三个类型:一般维修、首保索赔和事故理赔。一般维修就是指普通保养;首保索赔是指厂家政策以及出厂质量问题的维修,都有厂家来买单,不用客户花钱;事故理赔指出了事故后,由保险企业理赔的维修业务。我们先来看账务处理,账务处理中售后维修将一般维修、事故、首保索赔作为二级科目,不再细分,但在日报中,要进行细分,分工时和材料。"

1. 确认一般维修、理赔收入(售后协议挂账)

例如:2018年7月2日维修刷卡6笔共收款6万元(含税)。其中一般维修收入2万元(其中1万元为企业协议挂账,每月25日结清),应收A保险企业车牌为某A1234车的理赔款4万元。

后附原始单据:POS刷卡凭条复印件、发票、(客户不要可不开具,保险企业直赔需要开发票给保险企业的,需要客户给保险企业开委托书,并带有客户签字、手印以及保险企业红章）、有预收款的要有预收款收据。

摘要：2018年6月2日售后维修收入。

会计分录：

> 借:其他货币资金1万元
>
> 应收账款1万元
>
> 其他应收款——某A1234车4万元
>
> 贷:主营业务收入——售后维修——一般维修1.72万元
>
> 主营业务收入——售后维修——事故理赔3.45万元
>
> 应交税费——应交增值税（销）0.83万元

2018年7月25日企业结清当月售后协议挂账1万元。

后附原始单据：银行水单。

会计分录：

> 借:银行存款1万元
>
> 贷:应收账款1万元

2. 月末结转成本

例如：月末结转当月一般维修成本26万元、事故成本30万元、首保索赔成本8万元。

后附原始单据：当月ERP系统中一般维修出库汇总、事故维修出库汇总、首保索赔出库汇总。

摘要：结转当月一般维修、事故理赔、首保索赔成本。

会计分录：

> 借:主营业务成本——售后维修——一般维修26万元
>
> 主营业务成本——事故理赔30万元
>
> 主营业务成本——首保索赔8万元
>
> 贷:库存商品64万元

3. 收到保险企业赔款、退三者险保险企业赔保款

例如：2018年7月5日收到A保险企业某A1234车理赔款7.7万元，其中包括代收×××三者理赔款0.7万元，当日转付给×××。

后附原始单据：银行水单、内部支付流程证明。

摘要：收到某A1234车牌保险企业赔款、支付该车辆三者险款。

会计分录：

> 借:银行存款7.7万元
>
> 贷:其他应付款——某A1234车0.7万元
>
> 其他应收款——某A1234车7万元
>
> 借:其他应付款——某A1234车0.7万元
>
> 贷:银行存款0.7万元

4. 确认首保索赔收入

例如：2018年6月30日，当月首保共47笔、金额15万元（不含税）、索赔1笔、金额3万元（不含税）均与厂家确认无误，月底开票，并寄给主机厂。

后附原始单据：与厂家确认清单、发票。

摘要：6 月首保索赔收入。

会计分录：

> 借：应收账款 20.88 万元
>> 贷：主营业务收入——售后维修——首保索赔 18 万元
>> 应交税费——应交增值税（销）2.88 万元

5. 收到厂家首保索赔回款

例如：2018 年 7 月 16 日收到厂家首保索赔回款 20.88 万元。

后附原始单据：银行水单。

摘要：收到 6 月首保索赔回款。

会计分录：

> 借：银行存款 20.88 万元
>> 贷：应收账款 20.88 万元

6. 延保收入（4S 店延保服务、厂家延保服务）

延保服务是"三包"期后延续包修的服务方式。通俗点就是延长客户保修年限或里程数。延保有两种，一种是 4S 店为了增加客户黏性所做的延保活动，即向客户出售自保卡，在约定自然年期内或里程数内由 4S 店承担费用进行保养。采用此方法需要做台账登记，体现内容：售卡日期、售卡金额、车牌号、车架号、使用日期、使用金额、余额。

另一种是厂家延保，厂家将延保卡卖给 4S 店，由 4S 店代售，4S 店利润为少量差价，客户延保期内正常保养，由 4S 店通过首保索赔的方式进行维修。

4S 店自制延保卡：

例如：2018 年 7 月 19 日，4S 店开展自店延保服务，办理延保卡 5000 元，可延长自购卡日起自然年两年内或 20000 千米内三次保养，2019 年 3 月 4 日进店维修一次，收入金额 2000 元，成本 1000 元。

后附原始单据：POS 刷卡凭条复印件、维修发票（维修结算时开具，售卡时不开具）。

会计分录：

出售卡时：

> 借：其他货币资金 0.5 万元
> 贷：预收账款 0.5 万元

维修时：

> 借：预收账款 0.23 万元
>> 贷：主营业务收入——一般维修 0.2 万元
>> 应交税费——应交增值税（销）0.03 万元

厂家延保服务：

例如：厂家开展延保服务，2018 年 7 月 20 日客户小 A 通过 4S 店签订延保服务合同 5000 元（含税），该款项厂家月底时从 4S 店结算系统账户中扣除 3000 元（含税），可延长自签约起自然年两年内或 20000 千米内三次保养，2019 年 3 月 4 日进店维修一次，收入金额 2000 元（不含税），成本 1000 元。

后附原始单据：POS 刷卡凭条复印件、延保服务发票、维修发票（维修结算时开具，售卡时不开）。

出售延保服务时：

> 借：其他货币资金 0.5 万元
> 　贷：其他业务收入——延保 0.43 万元
> 应交税费——应交增值税（销）0.07 万元
> 借：其他业务成本——延保 0.3 万元
> 　贷：预付账款/应付账款 0.3 万元

维修时：

> 借：应收账款 0.23 万元
> 　贷：主营业务收入——首保索赔 0.2 万元
> 应交税费——应交增值税（销）0.03 万元

"好了，小王。"小马说："以上就是全部的售后账务处理，是不是很简单？"

"嗯，是，好像业务比较少。"

"对的，售后做起来相对简单些。"

"那不能工作就这么点吧？"

"当然不是，这些只是售后账务的处理，你的工作岗位是总账会计，还有很多其他工作内容呢。"

"好的，你说，我记。"

"审核费用凭证、特殊业务凭证、数据分析，我们一个一个来，先说审核费用凭证，要会审，你得先会做，我们来看一下手里的这些凭证。"

"好。"

十三、费用支出类

1. 支付销售部、售后部的接待费和广宣费

例如：2018 年 7 月 30 日支付销售部小 A 报销业务招待费 2000 元、售后部小 B 广告物料费 8000 元，均为含税价，抵扣进项税。

后附原始单据：发票（金额超过 1000 元需要业务人员自行在国税网查验发票真假，并将查验截屏与发票粘好放在一起）、银行水单。

摘要：报销小 A 招待费、小 B 广宣费。

会计分录：

> 借：销售费用——业务招待费 0.2 万元
> 销售费用——广宣费 0.75 万元
> 应交税费——应交增值税（进）0.05 万元
> 　贷：银行存款 1 万元

2. 支付销售部、售后部的差旅会议费、交通费、公务车燃油费等

例如：2018 年 7 月 30 日支付销售部小 C 报销出差费住宿费 3000 元、交通费 500 元，售后部小 D 报销售后救援车燃油费 5000 元（住宿费、燃油费抵扣进项税）。

后附原始单据：发票（金额超过 1000 元需要业务人员自行在国税网查验发票真假，并将查验截屏与发票粘好放在一起）、银行水单。

摘要：报销小 C 差旅费、小 D 燃油费。

会计分录：

> 借：销售费用——差旅费 0.33 万元
> 销售费用——燃油费 0.43 万元
> 应交税费——应交增值税（进）0.09 万元
> 贷：银行存款 0.85 万元

若之前有借款，报销后冲销借款。

例如：销售部小 C 出差前向单位借款 5000 元，出差回来报销后，还单位借款。

> 借：库存现金 0.5 万元
> 贷：其他应收款——小 C 0.5 万元

3. 支付行政部的清洁费、办公用品（含邮寄、快递费等）

例如：行政部小 F 月底报销当月采集办公用品、清洁用品 2 万元及给快递企业支付快递费 5 万元，（含税）取得专用发票并认证。

后附原始单据：发票（金额超过 1000 元需要业务人员自行在国税网查验发票真假，并将查验截屏与发票粘好放在一起）、银行水单。

摘要：支付小 F 办公费、快递费。

会计分录：

> 借：管理费用——办公费 6.43 万元
> 应交税费——应交增值税（进） 0.57 万元
> 贷：银行存款 7 万元

4. 财务费用

例如：2018 年 8 月 3 日出纳小 X 购买支票、电汇凭证手续费 100 元。

后附原始单据：银行购买收费凭证单据。

摘要：支付小 C 财务费用。

会计分录：

> 借：财务费用 0.01 万元
> 贷：银行存款 0.01 万元

5. 利息收入

例如：2018 年 9 月 21 日利息收入上账 2 万元。

后附原始单据：银行水单。

摘要：3 季度利息收入。

会计分录：

> 借：银行存款 2 万元
> 借：财务费用 −2 万元

6. 工资

例如：2018 年 10 月 10 日发放 9 月工资，先计提再发放（员工借款当月发工资前没有结清的，从工资中扣除），见表 1-6。

表1-6 工资表   （单位：元）

部门	基本工资	绩效工资	应发工资	社保	个人所得税	实发合计
总经办	20000.00		20000.00	200.00	735.00	19065.00
财务部	25000.00		25000.00	800.00		24200.00
行政部	5000.00		5000.00	200.00		4800.00
后勤部	6000.00		6000.00	200.00		5800.00
销售部	16000.00	30000.00	46000.00	1800.00	929.82	43270.18
市场部	2000.00	5000.00	7000.00	200.00		6800.00
客服部	2000.00	3000.00	5000.00	200.00		4800.00
配件部	2000.00	4000.00	6000.00	200.00		5800.00
售后前台	20000.00	16000.00	36000.00	800.00	48.57	35151.43
机修	5000.00	5000.00	10000.00	200.00	51.41	9748.59
油漆	6000.00	6000.00	12000.00	200.00	15.99	11784.01
钣金	4000.00	8000.00	12000.00	200.00	9.21	11790.79
总计	113000.00	77000.00	190000.00	5200.00	1790.00	183010.00

后附原始单据：工资表、银行水单。

摘要：计提9月工资。

会计分录：

借：管理费用——职工薪酬——总经办2万元（含企业承担社保）

管理费用——职工薪酬——财务部2.5万元（含企业承担社保）

管理费用——职工薪酬——行政部0.5万元（含企业承担社保）

管理费用——职工薪酬——后勤部0.6万元（含企业承担社保）

销售费用——职工薪酬——销售部4.6万元（含企业承担社保）

销售费用——职工薪酬——市场部0.7万元（含企业承担社保）

销售费用——职工薪酬——客服部0.5万元（含企业承担社保）

销售费用——职工薪酬——配件部0.6万元（含企业承担社保）

销售费用——职工薪酬——售后前台3.6万元（含企业承担社保）

主营业务成本——一般维修1万元（含企业承担社保）

主营业务成本——事故理赔2.4万元（含企业承担社保）

贷：应付职工薪酬19万元（含企业承担社保）

摘要：发放9月工资。

借：应付职工薪酬19万元

贷：其他应付款——社保0.52万元

其他应付款——个人所得税0.18万元

银行存款18.3万元

7. 折旧

通过固定资产模块计提当月的固定资产折旧费。

例如：2018年10月30日计提本月固定资产折旧费，销售部7万元、售后部9万元、管理部门3万元。

后附原始单据：固定资产折旧汇总表。

摘要：计提 10 月折旧。

会计分录：

借：销售费用——折旧（销售部、售后部）16 万元

管理费用——折旧（总经办、行政人事部、财务部）3 万元

贷：累计折旧 19 万元

8. 长期待摊费用摊销

对租赁房屋、建筑物进行装修费用，租期内摊销。

例如：2015 年 7 月 18 日装修展厅、售后共支付款项 80 万元，租赁期 10 年。每年摊销 8 万元，销售占 40%，售后占 40%，管理部门占 20%。

后附原始单据：长期待摊费用摊销分配明细表。

摘要：10 月长期待摊费用摊销。

会计分录：

借：销售费用——长期待摊费用（销售部、售后部）6.4 万元

管理费用——长期待摊费用（总经办、行政人事部、财务部）1.6 万元

贷：长期待摊费用 19 万元

9. 无形资产摊销

对购买的 ERP 软件以不低于 10 年的年限进行摊销。

例如：10 月无形资产摊销，无形资产 30 万元，摊销年限 10 年。每年 3 万元，销售占 40%，售后占 40%，管理部门占 20%。

后附原始单据：无形资产摊销分配明细表。

摘要：10 月无形资产摊销。

会计分录：

借：销售费用——无形资产摊销（销售部、售后部）2.4 万元

管理费用——无形资产摊销（总经办、行政人事部、财务部）0.6 万元

贷：累计摊销 3 万元

10. 计提借款利息

例如：2018 年 10 月，计提贷款利息 30 万元。

后附原始单据：自制利息计提表。

摘要：2018 年 10 月，计提贷款利息。

会计分录：

借：财务费用——利息支出 30 万元

贷：应付利息 30 万元

第 3 节　特殊业务

"小王，上面的都记下了吗?"小马说："记下了我们就接着讲。"

"都记下了，接着讲吧。"小王答道。

"好，费用类的账务处理讲完了，接着往下看一些特殊账务处理，不常见的。"

一、售后自制维修卡券

管控：

建立台账，包括：售卡时间、售卡金额、客户车牌、VIN号、使用时间、使用金额、余额。

例如：2018年5月1日售后部门组织活动，充值1万元，可五年内更换十次机油，每次确认收入0.1万元，成本0.05万元。客户A当日办理该卡，2018年10月30日来店第一次保养，2018年12月3日更换第二次，后面没有来过，到2023年4月30日该卡到期，客户一直未进店保养。

售卡时：

后附原始单据：POS刷卡凭条。

摘要：2018年5月1日出售机油卡。

会计分录：

> 借：其他货币资金1万元
> > 贷：预收账款1万元

进店维修时：

后附原始单据：0.1万元发票，如果该客户还有其他消费，其他消费按收款开具发票。

摘要：2018年10月30日机油卡使用。

会计分录：

确认收入：

> 借：预收账款0.1万元
> > 贷：主营业务收入——一般维修0.09万元
> 应交税费——应交增值税（销）0.01万元

结转成本：

> 借：主营业务成本——一般维修0.05万元
> > 贷：库存商品——配件0.05万元

2018年12月3日更换第二次账务处理同2018年10月30日使用的账务处理。

2023年4月30日到期客户没有修的金额全部转入维修收入，账务处理同2018年10月30日使用的账务处理，不用做结转成本的分录。

二、售后自制会员卡

例如：2018年10月16日售后部门组织活动，办理会员卡1万元，以后进店消费打五折，当日客户维修车辆共计1万元，打折后0.5万元，客户刷卡交卡0.5万元后离厂。

售卡时：

后附原始单据：开具1万元服务费发票（混合销售，按维修劳务项目开具，备注服务费）。

会计分录：

借：其他货币资金 1 万元

　　　贷：其他业务收入——服务费 0.86 万元

应交税费——应交增值税（销）0.14 万元

借：其他货币资金 0.5 万元

　　　贷：主营业务收入——一般维修 0.4 万元

应交税费——应交增值税（销）0.1 万元

三、返利核算

返利核算是 4S 店财务最难把控的一个点，会算返利，可以为 4S 店减少很多损失。返利核算有两种方式，一种是权责发生制，另一种是收付实现制。权责发生制需要财务人员熟知政策，按业务运营情况来反映当期应得返利，等厂家确认返利后，核对应得返利与确认返利的差额，如果运营指标有差额应及时督促运营管理调整，同时将调整之前应得返利调整为确认返利。这种核算方法好处是：返利应在当期，在计算财务指标时，相对于收付实现制来说更加准确，且可以很清楚地知道 4S 店在运营过程中的运营管理漏洞，以便及时查缺补漏。缺点是核算复杂，必须了解厂家商务政策，对财务人员要求较高。收付实现制只需要在收到厂家返利款时，再做账务处理，这种方法的好处是操作简便，缺点是不易发现运营管理问题。以下根据这两种核算方式分别做出账务处理：

1. 权责发生制

日常管控：

建立返利台账，需体现：计提返利时间、计提金额、账面计提时间、凭证号、厂家返利确认时间、厂家返利确认单号、红字发票号、账面确认时间、凭证号、调整计提金额凭证号、到账时间、到账类型、账面到账冲销时间、凭证号。

1）计提返利。

例如：2018 年 10 月 31 日，计提当月返利。

后附原始单据：计提返利表（车架号、销售时间、车辆型号、计提返利政策号、计提返利政策名称、计提返利金额，该表的合计金额应等于返利台账中当月计提汇总金额，计提返利表需要有财务人员、销售信息员、销售经理签字）。

摘要：计提 2018 年 10 月返利 100 万元（不含税）。

会计分录：

借：主营业务成本——计提返利 –100 万元

借：应收账款 116 万元

　　　贷：其他应付款——暂估税 16 万元

2）收到采购折扣折让发票、红字发票。

收到红字发票时：

① 红字发票（确认小于计提）。

例如：2018 年 11 月 15 日厂家确认返利时，要求 4S 店将红字发票通知单尽快寄给厂家，厂家开红字发票给 4S 店，4S 店于 2018 年 11 月 28 日收到红字发票 80 万元（不含税金额）。

后附原始单据：厂家确认返利的系统内截屏、红字通知单复印件、红字发票。

摘要：厂家确认10月返利。

会计分录：

借：主营业务成本——返利 20万元
其他应付款——暂估税 16万元
贷：应收账款23.2万元
应交税费——应交增值税——进项税转出 12.8万元

② 红字发票（确认大于计提）。

例如：2018年11月15日厂家确认返利时，要求4S店尽快将红字发票通知单寄给厂家，厂家开红字发票给4S店，4S店于2018年11月28日收到红字发票120万元（不含税）。

后附原始单据：厂家确认返利的系统内截屏、红字通知单复印件、红字发票。

摘要：厂家确认10月返利。

会计分录：

借：主营业务成本——返利 –20万元
借：应收账款23.2万元
其他应付款——暂估税 16万元
贷：应交税费——应交增值税——进项税转出 12.8万元

3）收到厂家返利金额或冲抵预付款时。

例如：4S店于2018年11月28日收到红字发票120万元（不含税），2018年12月5日收到厂家返利银行到账60万元（含税），厂家结算系统中返利上账79.2万元（含税）。

后附原始单据：厂家确认返利的系统内截屏、银行水单。

摘要：收到返利。

会计分录：

借：银行存款 60万元
应付账款/预付账款 79.2万元
贷：应收账款139.2万元

2. 收付实现制

1）确认返利。

例如：2018年11月15日厂家确认返利时，要求4S店尽快将红字发票通知单寄给厂家，厂家开红字发票给4S店，4S店于2018年11月28日收到红字发票80万元（不含税）。

后附原始单据：厂家确认返利的系统内截屏、红字通知单复印件、红字发票。

摘要：厂家确认10月返利。

会计分录：

借：主营业务成本——返利 –80万元
借：应收账款92.8万元
应交税费——应交增值税——进项税转出 12.8万元

2）收到返利。

收到厂家返利金额或冲抵预付款时。

例如：4S 店于 2018 年 11 月 28 日收到红字发票 80 万元（不含税），2018 年 12 月 5 日收到厂家返利银行到账 60 万元（含税），厂家结算系统中返利上账 32.8 万元（含税）。

后附原始单据：厂家确认返利的系统内截屏、银行水单。

摘要：收到返利。

会计分录：

> 借：银行存款 60 万元
> 应付账款/预付账款 32.8 万元
> 应收账款 92.8 万元

四、维修自用公务车

公务车按里程数在自己企业的 4S 店售后部进行正常保养维修，由本企业员工提供修理劳务，属于无偿的劳务。日常操作时，工时免费，配件视同销售。

例如：2018 年 11 月 5 日公务车维修，结算单配件金额为 1000 元（含税）。

后附原始单据：结算单（需总经理、售后经理签字）、配件领料单。

会计分录：

> 借：管理费用——修理费 1160 元
> 贷：库存商品 1000 元
> 应交税费——应交增值税（销）160 元

五、委托第三方维修

4S 店有些维修项目自己不具备条件，需委托外部的加工厂或别的维修厂进行修理，所产生的费用由配件部统一入库，同时出库按正常维修确认收入结转成本。

例如：2018 年 11 月 15 日委托第三方加工厂维修事故车辆某 A123456，委托加工费为 1 万元（不含税），当天收到发票，已入库；2018 年 11 月 30 日支付委托第三方加工厂加工费 1.16 万元；2018 年 11 月 30 日某 A123456 结算金额 6 万元，配件出库成本金额 3 万元，不含委托第三方加工费，当日结算出厂，POS 刷卡收款 6.96 万元，已开发票。

后附原始单据：加工发票、POS 刷卡凭条复印件、内部支付审批流程。

会计分录：

委托加工费入库时：

> 借：库存商品 1 万元
> 应交税费——应交增值税（进） 0.16 万元
> 贷：应付账款 1.16 万元

支付委托加工费时：

> 借：应付账款 1.16 万元
> 贷：银行存款 1.16 万元

结算与结转维修成本参照售后维修确认收入、结转成本分录。

六、购买试乘试驾车

企业自己开票（不低于采购价），缴纳上牌费及车购税，抵扣进项税。

例如：2018年11月1日应厂家要求采购A试乘试驾车作为宣传，车架号987655，市场价40万元（不含税），购置税4万元，上牌费800元。

后附原始单据：机动车发票发票联、购置税完税证明、上牌费支出凭证、银行水单。

摘要：购试乘试驾车一辆，车架号987655。

会计分录：

借：固定资产44.08万元

应交税费——应交增值税（进）6.4万元

贷：主营业务收入40万元

应交税费——应交增值税（销）6.4万元

银行存款4.08万元

七、出售试乘试驾车

应品牌商要求强行更换试乘试驾车，4S店找第三方评估机构对试乘试驾车进行评估或由4S店自行评估合理的金额，再寻找合适的购买人，以不低于评估价的价格进行对外销售。

1）例如：2018年11月20日应厂家要求更换试乘试驾车A一辆，车架号987655，该车账面原值40.88万元，折旧10.88万元，账面价格30万元。

后附原始单据：4S店内部审批单据（需业务人员、财务人员、销售经理、财务经理、总经理签字）。

会计分录：

转固定资产清理：

借：固定资产清理30万元

累计折旧10.88万元

贷：固定资产40.88万元

2）例如：2018年12月20日应厂家要求更换试乘试驾车A一辆，车架号987655，该车账面原值40.88万元，折旧10.88万元，账面价格30万元。已找到意向购买人，经第三方评估机构对车辆评估，该车现值40万元，销售部员工与意向购买人沟通出售价格40万元（含税），款已到账，发票已开。

后附原始单据：发票、POS刷卡凭条复印件或银行水单。

会计分录：

处置固定资产：

借：银行存款40万元

贷：固定资产清理30万元

应交税费——应交增值税（销）　　5.52万元

资产处置损益4.48万元

如果是亏损处置的，资产处置损益科目做到借方。

"小王，这些就是我们会计账务处理的全部内容了，你都记下了吗？"

"嗯，马经理，我记下了"，小王说："马经理，我看咱们隔壁在新建店，你给我讲讲新建店的一些账务处理呗，让我也学习一下。"

"小王还挺爱学习的呀。"

"嘿嘿，您别嫌我烦就行。"

"好，那我给你讲讲新建店的一些账务处理。"

八、开办费

新建店在筹备期会发生筹建人员的劳务费用、差旅费、登记公证费、人员培训费、广告费、业务招待费。筹备期间发生的费用在发生时，直接做：

> 借：管理费用——开办费
>   贷：银行存款

什么是筹备期呢？有个简单的方法，就是预核准企业名字日期以后、工商营业执照有注册日期以前的这段时间称为筹备期。

九、购买土地使用权

通过招拍挂的方式取得土地使用权，将土地使用权作为无形资产入账，按月摊销会计分录。

购入时：

> 借：无形资产
>   贷：银行存款

摊销时：按各部门分摊比例进行摊销。

> 借：销售费用（销售部、售后部）
>   管理费用（总经办、行政人事部、财务部）
>   贷：累计摊销

十、自建展厅、车间在建工程、固定资产的入账

从开始建店的那天起与工程相关的人员工资、贷款利息、购买的建筑材料、中央空调、电梯等与房屋建筑物为一体，不可拆分的设备等所有支出全部记入"在建工程"科目，等房屋建好，厂家验收通过后，做会计分录：

> 借：固定资产——房屋建筑物
>   应交税费——应交增值税（进）60%
>   应交税费——应交增值税——待抵扣40%（第十三个月抵）
>   贷：在建工程

十一、第一次购买金税系统及服务费

每家新开企业都会涉及一项经济业务就是购买金税盘并支付一年的技术维护费，经常有人会问到该账务怎么处理，而且也存在多种答案，现在让我们一起来看看下面两种处理方法：

第一种：

如：现金购买金税盘490元，支付技术维护费330元，一般做法如下：

借：固定资产——税控设备 490 元

管理费用 330 元

贷：库存现金 820 元

借：应交税费——应交增值税（减免税额）820 元

贷：递延收益 490 元

管理费用 330 元

借：管理费用 490 元

贷：累计折旧 490 元

借：递延收益 490 元

贷：管理费用 490 元

第二种：

但是现实工作当中，由于金税盘的价值比较低，而且新政策规定对于单价 5000 元以下的有形动产可以直接计入当期损益，因此绝大多数的人将购买金税盘视同交纳技术维护费一样处理，沿用上例应做分录为

支付款项时：

借：管理费用——办公费 820 元

贷：库存现金 820 元

抵税时：

借：应交税费——应交增值税（减免税额）820 元

贷：管理费用——办公费 820 元

"小王，你先熟悉一下账务处理的审核，等过些天我给你讲分析和内控方面的内容。"

第2章 Chapter 2
财务数据化管理及内控

第1节 日常财务指标风险分析

一、整车销售

整车日报见表2-1。

表2-1 整车日报

××4S店当日整车经营数据

新车销售	当日销售数量	10 辆	
	本月累计销售数量	60 辆	
	销售金额	240.00 万元	
	票面毛利	−10.00 万元	
	票面毛利率	−4.17%	
库存	当日入库数量	20 辆	
	本月入库数量	55 辆	
	在途数量	20 辆	
	库台库存（不含在途）	55 辆	
二手车	销售数量	2 辆	未收到新车保险返利××万元（其中××保险公司×月××万元，××保险公司×月−×月××万元，××保险公司×月−×月××万元）
	销售金额	0.4 万元	
	整车毛利额	0.4 万元	
	整车毛利率	100%	
精品	精品收入	60.00 万元	
	精品毛利额	36.00 万元	
	精品毛利率	60.00%	
其他收入	本月新车投保数量	58 辆	
	新车投保金额	30.00 万元	
	本月入账保险返利收入	3.60 万元	
	新车投保率	96.67%	
	按揭担保数量	30 辆	
	按揭担保服务收入	18.00 万元	

（续）

其他收入	按揭担保率	50.00%	未收到新车保险返利××万元（其中××保险公司×月××万元，××
	其他（洗车费）	0.33万元	
	其他（上牌费）	1.50万元	保险公司×月－×月××
销售部总收入		323.83万元	万元，××保险公司×月
销售部毛利率		15%	－×月××万元）
销售部毛利额		46.66万元	

1. 票面毛利率

计算公式：

$$票面毛利率 = \frac{本月整车收入 - 本月整车成本}{本月整车收入}$$

票面毛利率用于检验整车票面毛利，通常情况下，参考行业毛利率（仅供参考），见表2-2。

表2-2　行业毛利率（仅供参考）

品牌所属	毛利率
中低端车	−8% ~ −4%
中高端车	1% ~ 3%
高端车	10%以上

若当月的票面毛利率与参考行业毛利率相差较大或与本店以往每月（上一年同期及近6个月）的平均数据相差较大，说明企业在整车价格管控上可能存在一定的问题，可以从车辆价格、收入分配比重上着手查找问题，调整企业销售策略，有效把控企业毛利，创造企业利润。

2. 精品毛利率

计算公式：

$$精品毛利率 = \frac{精品收入 - 精品成本}{精品收入}$$

通常情况下，4S店精品毛利率≥50%。在把控精品毛利率时，需要注意的是：必须在保证票面毛利率的前提下进行。如果出现销售人员为满足精品毛利而削减票面毛利率的情况，将会导致票面毛利率和精品毛利率两个数据指标反映出来的情况失真，误导管理者和决策者。

3. 整车销售综合毛利率

计算公式：

$$整车销售综合毛利率 = \frac{整车票面毛利 + 精品毛利 + 二手车毛利 + 保险返利毛利 + 按揭担保毛利 + 洗车费 + 上牌费}{整车销售金额 + 精品收入 + 二手车收入 + 保险返利收入 + 按揭担保收入 + 洗车费收入 + 上牌费收入}$$

对于整车销售综合毛利率这个指标，参考行业毛利率（仅供参考），见表2-3。

若当月的整车销售综合毛利率与参考行业毛利率偏差较大，或者与店内以往每月数据差异较大，说明企业的价格管控上存在问题，需要调整销售价格方案。

表2-3 行业毛利率（仅供参考）

品牌所属	整车销售综合毛利率（不含返利）
中低端车	1%～3%
中高端车	5%～8%
高端车	15%以上

4. 二手车佣金收入

二手车业务是4S店的常见业务，目前行业中大部分企业都采用作为二手车中介的方式，通过促成二手车交易赚取中间差价。该方式不仅可以使企业免去很多手续，同时还可以省去设立二手车交易中心所产生的费用。因此，建议企业采用这种方式处理二手车业务。

这种方法虽然简便，但是存在着一定的风险，所以需要进行财务管控。二手车业务不需要开具发票，只在中间环节收取作为中介的介绍佣金，在这个环节很可能出现人为的风险。例如业务员收的多，而给企业上交的少。这就造成企业利润流失，长此以往，必将对企业有一定的影响，因此二手车佣金收入也是需要监控的点。

对于二手车佣金收入管控，建议如下：4S店找到车辆出售方时，由业务、财务、行政部门各派一人进行价格谈判，且每次人员尽量不同，确定4S店收取中介费的标准及方式，双方确认好后与卖家签订正式的代理服务协议，待交易后及时收取中介费。

5. 精品加装率

计算公式：

$$精品加装率 = \frac{本月精品加装车数量}{在库数量}$$

精品加装率用于检核4S店商品车的精品加装情况。目前4S店整车综合毛利源于各项衍生收入，并且现阶段客户在购买车辆的时候，会为了方便直接选加装好的车辆，以免去二次进店加装精品的麻烦，所以重视4S店内精品加装率不仅可以为客户提供更便捷的服务，也可以为企业创造综合毛利。定期将精品加装率的数据反馈给销售部，使销售部能够及时调整策略。通常情况下，建议精品加装率在90%以上，也可根据自身的管理需求来定。大多数国产车因为出厂配置较全，可以不参考此指标。

6. 整车投保率

计算公式：

$$整车投保率 = \frac{本月销售车辆在本店购买保险的数量}{本月累计销量}$$

整车投保率用于检核4S店销售车辆中在店内购买保险的情况。整车投保率可以管控以下两个风险点：首先是4S店的保险佣金收入。保险企业与4S店合作驻店销售保险，会给4S店按保险费比例返佣金，但一部分4S店可能不关注销售车辆在4S店的投保率，或者销售顾问告知管理层顾客不愿在4S店购买保险，导致保险佣金的损失；其次是销售顾问私自给购车客户在4S店外出保险，自己拿佣金，截流4S店的保险佣金，给企业带来了损失。鉴于以上两点，建议4S店的整车投保率在90%～95%，或根据自身情况而定。

7. 按揭担保率

计算公式：

$$按揭担保率 = \frac{本月按揭担保数量}{月累计整车销量}$$

按揭担保率是用于检核当月销售车辆中按揭担保的数量。按揭担保对整车综合毛利有特殊的贡献，一般是以贷款额作为基数，乘以4S店自己定的比例作为收入，以上收入没有成本。管控好按揭担保率的意义主要在于以下两个方面：一方面，投保率越高，店面的营业收入提升就越大，这是有效提升综合毛利的重要指标；另一方面，销售顾问在外出按揭，佣金落入自己的口袋，利用企业的资源，形成了自己的营业收入，造成了4S店的损失。大部分4S店可能并未将按揭担保率纳入管控指标中去，建议4S店重视按揭担保率，行业参考（仅做参考）数据为按揭担保率如果维持在30%～50%，可以有效提升销售综合毛利，按揭担保率的具体数值各4S店也可以根据自身情况酌情确定。

8. 洗车费

计算公式：

$$洗车费收入 = 当月入库车辆数量 \times 单车洗车金额$$

洗车费是厂家委托运输企业将车辆送至4S店时，车辆自身的清洁已经无法保证，让运输公司按每辆车20～80元（按品牌不同，价格也不同，可以咨询同品牌其他4S店）的价格代为支付给4S店的费用。洗车费在4S店的日常经营中金额相对较小，所以大多数4S店都疏于管理。实务操作中洗车费的去向有以下几种情况：由销售部自行收入作为销售部活动经费或者被个人私占。有些4S店可能甚至都不知道有这笔收入。虽然对于整体经营而言洗车费占比很小，但是在财务管控中，不能因为小而忽视。

9. 上牌费

计算公式：

$$上牌费收入 = 上牌费收款 - 上牌费支出$$

上牌费是指顾客在店购车，并选用店内上牌服务所产生的服务费用。上牌费价格通常是由各家4S店根据实际情况自己定价，店内上牌人员给客户完成上牌服务后，上牌收入减去上牌费支出的差额收入就是店内的上牌费收入。

二、售后

售后日报见表2-4。

表2-4　售后日报

截止××月××日	××4S店售后经营数据	
	当日台次	5辆
	当月台次	215辆
	配件销售金额	11.73万元
	备件成本	7.72万元
备件销售	养护品销售金额	0.34万元
	养护品成本金额	0.09万元
	备件收入（其中首保索赔：）	12.07万元
	备件成本（其中首保索赔：）	7.72万元
	备件毛利	4.35万元
	备件毛利率	36.00%

（续）

截止××月××日	××4S 店售后经营数据	
工时收入	机修工时	1.84 个
	钣金工时	0.41 个
	油漆工时	0.61 个
	油漆成本	—
	工时收入	2.86
	工时毛利	2.86
	工时毛利率	100%
精品	精品收入	0.21 万元
	精品毛利额	0.12 万元
	精品毛利率	58.94%
其他收入	本月续保投保数量	4 辆
	本月续保投保率	2%
	本月续保返利	
	其他（废品收入）	
售后部总收入		15.14 万元
售后毛利率		48.42%
售后部毛利额		7.33 万元

1. 售后毛利率

计算公式：

$$售后毛利率=\frac{(备件收入-备件成本)+(养护品收入-养护品成本)+(工时收入-工时成本)+(精品收入-精品成本)+续保返利+废品收入}{备件收入+养护品收入+工时收入+精品收入+续保返利+废品收入}$$

售后毛利率是用于检验 4S 店售后部盈利能力的重要指标，因商务部的文件打破厂家配件垄断，4S 店在配件采购上完成厂家任务即可，其他的配件便可自行采购。根据厂家不同，原厂件的配件毛利率在 25%～30%，厂家不同毛利率不同，副厂件的毛利率约 50% 左右，加上工时成本（也就是售后部机修人员、钣金人员、喷漆人员工资），整个售后部综合毛利率（不含返利）最好控制在 40%～45% 或以上。如果低于 45% 或低于该店平均数标，则可说明：

1）该店首保索赔居多。

2）事故维修较少。

3）销售价格定价过低。

4）该店利用大量优惠活动吸引客户。

2. 零服吸收率

计算公式：

$$零服吸收率=\frac{售后毛利}{销售费用+管理费用+财务费用}$$

零服吸收率，即售后服务产生的利润与经销商运营成本的比率，零服吸收率越高表明售后利润越好。例如，一家 4S 店的零服吸收率为 80%，则表明该店的售后利润可以支持企业

八成的运营成本。行业参考指标：第一年40%、第二年80%、第三年120%。

3. 留修率

计算公式：

$$留修率 = \frac{留修量}{保险企业事故车线索推送总量}$$

衡量一家4S店的保险企业推送事故车线索跟进的水平，更多是看该店的事故车留修率，但大部分4S店只关注此值的结果，往往忽略了漏斗中的其他因子，最终导致留修率较低。

保险企业推送线索的数量越多→事故车线索管理员及时跟进的机会量就越多→外拓专员去事故车现场拉车的机会量就越多→线索管理员持续跟进的机会量就越多→最终事故车回厂维修的机会量就越多。

内控措施：财务人员应定期对留修率的变化情况进行对比分析，并从定损、维修人员处获取相关的信息，将分析结果及时向上级反馈。

以上指标为每日需要上报的数据内容，每天下午根据当天营业数据做出此表，形成销售日报表、售后日报表，将表格发给财务经理、总经理，以便管理层随时调整经营决策。

4. 人均产值（毛利）贡献

$$人均产值（毛利）贡献 = \frac{总产值（总毛利）}{售后人员数量}$$

该公式可自行变形用来衡量企业售后部、销售部员工工作效率值，对于工作效率略低的员工应进行相应的培训或与员工进行交谈，了解其工作难处或压力，并给予工作指导，保证员工工作效率保持在充沛状态。对于连续几个月业绩低于考核数据的员工，可以考虑调岗等其他措施。

第2节 财务报表指标风险分析

一、短期偿债能力

短期偿债能力是指企业偿还流动负债的能力。流动负债是将在1年内或超过1年的一个营业周期内需要偿付的债务。这部分债务对企业的财务风险影响比较大，如果不能及时偿还，很有可能使企业陷入财务困境，面临破产倒闭的危险。流动资产是偿还流动负债的一个安全保障。短期偿债能力的财务比率主要有：流动比率、速动比率、现金比率。

1. 流动比率

流动比率是企业全部流动资产与全部流动负债的比率。

计算公式：

$$流动比率 = \frac{流动资产}{流动负债}$$

流动比率表明了企业每1元流动负债会有多少流动资产作为偿还的保证，反映了企业短期内可变现的流动资产偿还到期流动负债的能力。该比率越高，说明企业资产的变现能力越强，短期偿债能力也越强；反之则弱。某企业流动比率信息见表2-5。

表 2-5　企业流动比率案例

2018 年 1 - 6 月	2017 年 1 - 6 月	参考值（仅供参考）
1.1781	0.9922	1.1

从案例企业数据中可以看出，该企业 2018 年上半年相较于 2017 年同期以及行业参考而言，比例是上升的，这表明每 1 元的流动负债有约 1.18 元资产作为偿还债务的保证，只要流动资产变现，即可偿还流动负债。但短期偿债能力仅看这一个指标还不够，我们接着往下看。

2. 速动比率

速动比率是指企业速动资产与流动负债的比率。速动资产是企业的流动资产减去存货后的余额，主要包括现金、短期投资、应收票据、应收账款等项目。

计算公式：

$$速动比率 = \frac{流动资产 - 存货}{流动负债}$$

它表明企业的每 1 元流动负债会有多少易于变现的流动资产来抵偿，短期偿债能力有可靠的保证。速动比率过低，企业的短期偿债风险较大；速动比率过高，企业在速动资产上占用资金过多，会增加企业投资的机会成本。速动比率反映了一个企业能够立即还债的能力和水平。某企业速动比率信息见表 2-6。

表 2-6　企业速动比率案例

2018 年 1 - 6 月	2017 年 1 - 6 月	参考值（仅供参考）
0.3591	0.4404	0.54

从案例企业数据中可以看出，该企业 2018 年上半年相较于 2017 年同期以及行业参考而言，比例是下降的，这说明该 4S 店可以立即还债的能力有所下降。

3. 现金比率

现金比率是现金类资产与流动负债的比值。

计算公式：

$$现金比率 = \frac{现金 + 银行存款 + 其他货币资金}{流动负债}$$

通过公式可以看出，现金比率只量度所有资产中相对于当前负债最具流动性的项目，因此它也是三个流动性比率中最保守的一个，反映出企业在不依靠存货销售及应收款的情况下，支付当前债务的能力。现金比率一般认为 20% 以上为好。但这一比率过高，就意味着企业流动资产未能得到合理运用，而现金类资产获利能力低，这类资产金额太高会导致企业机会成本增加。某企业现金比率信息见表 2-7。

表 2-7　企业现金比率案例

2018 年 1 - 6 月	2017 年 1 - 6 月	参考值（仅供参考）
0.13	0.1583	0.2

从案例企业数据中可以看出，该企业的现金存储也是处于持续下降状态。综合以上三项指标不难看出，案例企业流动比率呈现增长趋势，速动比率、现金比率呈现下降趋势。三者

出现不同变化方向的原因是，企业的存货管理能力出现问题，即存货积压情况比较严重，从而导致货币性资金储备持续下降，这些就是流动比率上升、速动比率和现金比率下降的原因。

解决方法：业务部门积极开拓整车销售市场，广泛开发销售渠道，制定新的绩效方案，调整整车销售策略，加大资金回笼力度。财务部门要监督销售政策执行完成率，每天向业务部门传达营业数据变化，从而帮助业务部门实现销售。

二、盈利能力

盈利能力是企业获取利润的能力。盈利是企业的一个重要经营目标，是一个企业生存和发展的重要物质基础，不仅关系到企业所有者的投资收益，也是企业偿还债务的一个很重要的保障。企业盈利能力的财务比率主要有销售毛利率、营业利润率、总资产利润率、成本费用净利率等。

1. 营业利润率

营业利润率是指企业的营业利润与营业收入的比率。

计算公式：

$$营业利润率 = \frac{营业利润}{营业收入}$$

营业利润 = 营业收入（主营业务收入 + 其他业务收入） − 营业成本（主营业务成本 + 其他业务成本） − 营业税金及附加 − 管理费用 − 销售费用 − 财务费用 − 资产减值损失

营业利润率是衡量企业经营效率的指标，反映了在考虑营业成本的情况下，企业管理者通过经营获取利润的能力。营业利润率越高，说明企业商品销售额提供的营业利润越多，企业的盈利能力越强；反之，营业利润率越低，说明企业盈利能力越弱。某企业营业利润率信息见表2-8。

表2-8　企业营业利润率案例

2018 年 1 – 6 月	2017 年 1 – 6 月	参考值（仅供参考）
2.89	2.48	1.8

从案例企业数据中可以看出，该企业的营业利润率同比是增高的，也远高于行业参考值，说明该企业的盈利能力强。

2. 总资产利润率

总资产利润率是企业一定周期内的净利润总量与资产总额的比率。

计算公式：

$$总资产利润率 = \frac{一定周期内的净利润总量}{资产总额}$$

总资产利润率可以得出每 1 元钱资产可以创造出多少利润值，不仅可以评价企业的资产盈利能力，而且可以反映企业管理者的资产配置能力。某企业总资产利润率信息见表2-9。

表2-9　企业总资产利润率案例

2018 年 1 – 6 月	2017 年 1 – 6 月	参考值（仅供参考）
5.3506	5.68	5.3

从案例企业数据中可以看出，该企业的总资产利润率同比下降，但高于行业平均值，说明该企业资产利用效果在增强，利用资产创造的利润在升高。

3. 成本费用净利率

成本费用净利率是企业净利润与成本费用总额的比率。

计算公式：

$$成本费用净利率 = \frac{净利润}{整车成本 + 售后配件成本 + 工时成本 + 销售费用 + 管理费用 + 财务费用}$$

成本费用净利率用来评价企业为获取收益而支付的代价。每 1 元支付可换回多少利润，比率越高说明企业为了获取收益而付出的代价越小，企业的盈利能力越强。某企业成本费用净利率信息见表 2-10。

表 2-10 企业成本费用净利率案例

2018 年 1 - 6 月	2017 年 1 - 6 月	参考值（仅供参考）
2.99	2.56	1.5

从案例企业数据中可以看出，该企业的成本费用净利率呈现上升趋势，表明该企业为了获取收益而付出的代价是呈现降低趋势的，每 1 元的支出可换取 2.99 元的利润，企业的获利能力是增强的。

综合以上三项指标可以得出，案例企业营业利润率、成本费用净利率均远高于参考值，但总资产利润率与参考值持平。三者出现变化不一致的原因是：三个比率的分子均为利润，分母不同。分母越大比率越小，反之则越大。通过分母数据变化可得到以下结论：

1）存货积压，导致总资产过高，从而使总资产净利率呈现持平状态。

2）因存货积压，导致财务费用同步增加，成本费用净利率增长稍缓。

3）4S 店也发现自身积压严重，已开始降库，但因积压情况过于严重，且在每月厂家任务没有减少的情况下，降低库存在进行，但总体效果一般，所以营业利润率（税前利润）是参考值的 1.6 倍，成本费用净利润率（税后利润）是参考值的 2 倍，但总资产净利润率（税后利润）还是持平状态，这是企业库存积压严重的弊端。该企业资产管理出现问题，最直接的表现就是该企业偿还贷款的能力呈下降态势，并影响到该企业的盈利能力。

三、营运能力

营运能力反映企业资金周转状况，对其进行分析可以了解企业的营业状况以及经营管理水平。资金周转状况好，说明企业的经营管理水平高，资金利用效率高。企业营运能力常用的财务比率有总资产周转率、存货周转率等。

1. 总资产周转率

总资产周转率是反映企业资产运营效率的一项重要指标，体现了企业经营期间全部资产从投入到产出的流转速度，反映了企业全部资产的管理质量和利用效率。

计算公式：

$$总资产周转率 = \frac{营业收入}{（期初总资产 + 期末总资产）/2}$$

一般情况下，该数值越高，表明企业总资产周转速度越快，销售能力越强，资产利用效率越高。某企业总资产周转率信息见表 2-11。

表2-11　总资产周转率案例

2018年1-6月	2017年1-6月	参考值（仅供参考）
1.81	2.4	1.5

从案例企业数据中可以看出，该企业的总资产周转率2018年上半年同比降低，但仍在行业参考值以上，表明该企业利用全部资产进行经营的效率提高，资产有效使用程度提高。

2. 存货周转率

存货周转率指标的好坏反映企业存货管理水平的高低，它影响到企业的短期偿债能力，是整个企业管理的一项重要内容。

计算公式：

$$存货周转率 = \frac{营业成本}{（期初存货 + 期末存货）/2}$$

一般来讲，存货周转速度越快，存货的占用水平越低，流动性越强，存货变现或应收账款的速度越快。因此，提高存货周转率可以提高企业的变现能力。某企业存货周转率信息见表2-12。

表2-12　存货周转率案例

2018年1-6月	2017年1-6月	参考值（仅供参考）
3.27	7	2

从案例企业数据中可以看出，该企业2018年上半年的存货周转率同比下降53%，说明其销售能力渐弱，产品存储多，这样一来资金压力渐长，机会成本增大。目前库存积压相当严重，建议业务部门需尽快消化现有库存。

进一步分析该企业存货周转率低的原因：

（1）整车存销比

整车存销比反映出一个单位的销售需要多少个单位的库存来实现，见表2-13。

计算公式：

$$存销比 = \frac{月末库存}{月总销售}$$

表2-13　整车存销比案例

时间 内容	2018年1月	2018年2月	2018年3月	2018年4月	2018年5月	2018年6月	行业标准
存/辆	67	64	92	75	88	96	
销/辆	71	50	37	43	60	32	1.0～1.5，2.0以内
累计存销比	0.94	1.06	1.75	1.49	1.69	1.97	可维持生存
单月存销比	0.94	1.28	2.49	1.74	1.47	3.00	

（2）整车库存结构

某企业整车库存结构信息见表2-14。

表 2-14 企业整车库存结构案例

库存结构	整车数量（辆）	整车采购价（元）
大于 180 天	55	5426797.79
C	8	997512.62
D	2	341448.56
E	10	925776.76
B	18	1706039.53
F	4	556901.73
A	13	899118.59
大于 120 天	20	2044711.55
C	6	735737.17
E	2	187019.24
B	9	763701.93
F	2	290384.62
A	1	67868.59
90 天以内	21	2350825.02
C	6	719711.52
D	1	152667.97
E	3	291185.91
F	1	149599.36
G	9	969791.67
A	1	67868.59
总计	96	9822334.36

根据以往销售数量统计及表 2-14 可看出，由于库存积压严重，在库存消化时，大于 180 天采购的车辆还未销售完，新采购的车辆又入库了，新采购的车辆免息，而长库存的车辆生息，业务部门在处理这些车辆的时候，一定要对比其利息差，来确定先进先出还是后进先出。另外，库存积压严重，应先暂停采购，减库存才是目前最要紧的工作。

3. 应收账款周转率

应收账款周转率反映企业应收账款周转速度的比率。它说明一定期间内企业应收账款转为现金的平均次数。

计算公式：

$$应收账款周转率 = \frac{营业收入}{（期初应收账款 + 期末应收账款）÷2}$$

一般情况下，应收账款周转率越高越好，周转率高，表明收账迅速，资产流动性强，坏账损失少。4S 店除了日常厂家个人按揭贷款、银行个人按揭贷款厂家返利、厂家首保索赔、保险企业事故理赔这些挂账之外，不会产生其他应收账款，且这些贷款都是按规律回款，所以 4S 店应收账款坏账率稍低。如果是与私营企业的贷款企业合作，坏账则会稍高，注意与私营贷款企业的合作资金安全，避免出现断贷的风险。某企业应收账款周转率信息见表 2-15。

表 2-15　企业应收账款周转率案例

2018 年 1－6 月	2017 年 1－6 月	参考值（仅供参考）
64.11	96.82	50

从企业应收账款周转率信息可以看出，该企业 2018 年的应收账款周转率同比下降，但远高于行业平均值，表明其应收账款管理效率较高。

4. 营运资金周转率

营运资金周转率是指年销货净额与营运资金之比，反映营运资金在一年内的周转次数。

$$营运资金周转率 = \frac{销售收入净额}{平均流动资产 - 平均流动负债}$$

如果营运资本周转率过低，表明营运资本使用率太低，即相对营运资本来讲，销售不足，有潜力可挖；如果营运资本周转率过高，则表明资本不足，处于业务清偿债务危机之中。

不存在衡量营运资本周转率的通用标准，只有将这一指标与企业历史水平、其他企业或同行业平均水平相比才有意义。

"小王，以上就是财务指标类的风险，下面我们来讲实际业务过程中的风险管控。"

"好。"

第 3 节　业财融合风险点分析

一、整车销售风险点

整车销售业务流程如图 2-1 所示。

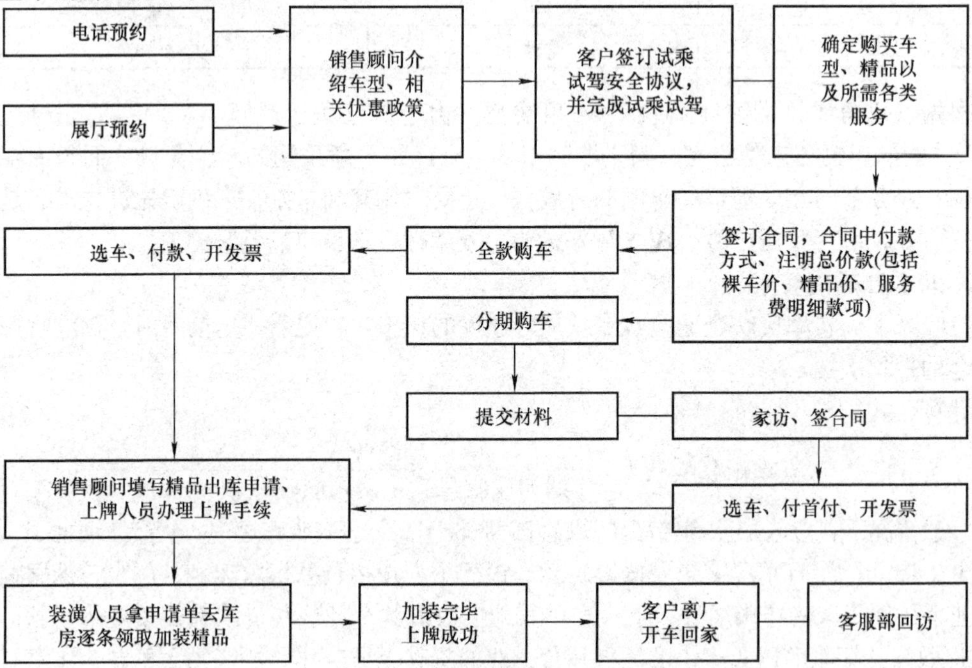

图 2-1　整车销售业务流程

1. 整车销售合同的签订

(1) 风险点

在签订合同时，购车人、销售价格、价格权限、车辆型号、精品购买赠送及金融业务的确定方面可能会出现的漏洞：

1) 合同随意更换、增加精品，但只给客户装原本谈好的部分，销售顾问将多出来的精品带出单位进行二次销售。

2) 临时更换购车人，极有可能是销售顾问将车按店内最低销售价格销给外地车商，中间收取佣金。有些厂家会考核本地上牌率，如果销往外地，会影响返利。

3) 虽然制定了销售政策，但审批流程不清晰，或者不严格执行审批流程，导致经常出现展厅以总经理限价售车，但只有展厅经理或销售经理签字，缺少总经理签字。

4) 销售政策制定后未传达到财务，财务只能依据合同价格收款结算，无法对车价执行是否合规进行监管。

5) 销车折扣权限完全下放给总经理，导致总部对下属 4S 店的销售状况没有足够的控制力度。

(2) 内控措施

1) 收银人员在收取订金时要对合同内容及客户联系方式、身份证等相关信息进行核对。

2) 销售订单上必须要有销售顾问、销售经理及客户的签字。

3) 合同至少一式三联（财务一联、销售行政一联、客户一联），收银人员需收取订金合同中的财务联留存，以免销售顾问事后在合同中增加项目或更换合同。

4) 更换订单时，要收回客户和销售行政的存根联，再重新填写新的订单后，应重新核对收取订金的金额及付款方式等相关信息。

5) 由收银人员检查合同中是否出现"赠送"字样用"包含"代替，精品、其他服务项目均由销售顾问从整车金额中分出，合同中也要注明每个明细项目的金额，避免被税务局认定为外购商品用于赠送，增加企业税负。

6) 合同中注明的整车价格不允许低于税务局的最低税基，以免在金三系统对比过程中出现异常，裸车最低价格请自行参照税务部门规定的最低计税价格。

7) 合同要有印刷号，月末由财务人员检查并收取后保存至档案库，中间不允许出现断号、缺联次。

8) 收银人员拿到合同后，要检查 ERP 系统中是否已全部录入信息，并核对信息是否相符。

9) 销售政策应明确各级折扣权限的审批人、审批方式，销售政策每周制定并经总经理审批后，还应报送财务部门一份，财务人员对低于折扣权限和缺乏审批的不予结算。

10) 销价管理上，总部使用重点控制或全面控制方式。重点控制如畅销车型、超期库存的最低限价和销售需经过总部审批；全面控制如下属 4S 店的销售政策需报送总部销售管理部门备案，并由销售管理部门进行分析后及时反馈给下属 4S 店。

2. 整车销售收款、开票

(1) 风险点和可能会出现的漏洞

1) 发票抬头与实际的购车人名称不一致，一辆车的车款由多人分别支付。

2）款项由销售顾问代收，再交至财务，存在销售顾问多收少交的情况。

3）销售顾问代收客户货款时，为了本月及时拿到提成（一般财务要求收齐全款才能计算提成）而帮客户垫付尾款。

4）销售顾问代收客户货款帮助客户信用卡套现，4S店不仅要为此承担手续费用（尽管金额不大），还要承担信用卡套现连带责任的风险。

5）经销售经理、财务经理、总经理签字的整车及衍生业务内部流转单据所填写的项目、金额与合同、收款、开具发票金额不符。

6）店内保险金额与实际保险金额不符。

（2）相关案例

1）检查某4S店一段时期的POS机刷卡明细，发现有较多同一卡号多次刷卡的现象，如用一张卡替几个毫无关联的客户交款，后经筛选核实，发现主要是销售顾问的卡，也有售后服务顾问的，甚至有收银人员的卡，这严重违反收款纪律，财务监督形同虚设。

2）某位客户购车，销售信息为车款30万元，赠送精品1万元。经回访确认，客户实际交款为31万元，其中车款30万元，同时有精品款1万元被销售顾问截留，销售合同是销售顾问一人所填。

3）某位客户购车，财务收车款50万元，按50万元开具机动车发票。经回访，客户实际交车款为52万元，销售人员私收加价款2万元，并对客户以加价不开票或低开票少交购置税的理由蒙混过去。

（3）内控措施

1）销售人员向客户收取车款垫付证明，并由相关付款人签字盖章（单位垫付证明需要盖公章）确认。

2）不允许销售顾问以任何名义向客户收取任何款项。在印刷销售合同时，请印刷单位用红字在合同显眼的地方注明"所有款项请务必全部交至财务部并索取相关支付凭证"等字样提醒客户。

3）财务部一方面要严格执行收银纪律，另一方面要组织好收银工作，尽量避免客户交不了款的情况出现。

4）销售环节各项单证，如销售合同、垫付款证明等，均应由客户本人签字，并确保信息真实，禁止代签。

5）客服部做好客户回访工作，了解真实信息。

6）财务人员用财务留存合同与店内流转签字单据进行复核，保证开票项目、金额与合同、收款一致（客户不要发票的除外）方可开票，不一致的单据退回由销售顾问进行重新签订。

7）如果是包牌出售车辆，收银人员需在整车开具发票后三个工作日内向销售顾问索取客户的保险单、购置税单以及上牌支出单据，以免销售顾问在购买保险时出现购买保险费与合同保险费金额不符的情况，给企业造成损失。

3. 车辆合格证的管理

车辆合格证的管理流程如图2-2所示。

（1）风险点

每辆车合格证是唯一的，传递、保管、领用、发放过程中可能会出现漏洞。

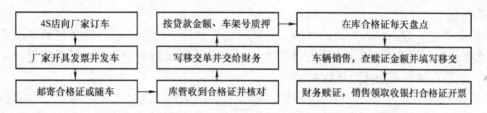

图 2-2　车辆合格证管理流程

合格证与资金一样，在没有销售出去之前，合格证是车辆归属的合法证明之一，在入库、领用、保管时都要保证与现金有一样的管理方法，以免合格证丢失或合格证与车辆信息不符的情况出现。

（2）内控措施

1）通过金融企业融资取得的车辆合格证由财务人员登记编号、登记台账、存放于保险柜之内。

2）现款进货合格证随车到店后，由库管统一收集合格证转财务部并办理移交签字手续、登记编号、登记台账、存放于保险柜之内。

3）对借用或更换等其他情况也应由销售顾问填写借用单，由销售顾问、销售经理签字后，在备注中说明，并及时收回。

4）每日对金融企业合格证、现款采购合格证进行盘点，采用与现金、银行存款一样的管理方式，日清月结。

4. 二网销售管理

二网即二级网店，其销售流程如图 2-3 所示。

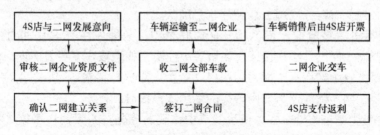

图 2-3　二网销售流程

4S 店为了完成厂家的销售任务指标，获取相应的返利，通常会采取通过一定的让利，发展二级网店（摆放展车）或与车商长期合作，借以消化多余的库存；但如果无相应的管控机制，一方面容易滋生贪污、舞弊现象，另一方面有可能把二级企业培养成竞争对手。这两方面都可能给 4S 店运营带来不利后果。

（1）风险点及可能出现的漏洞

1）二网汇入的购车款项分别用于采购不同车辆，要保证款和车的对应；二网展车无保证金或保证金不足。

2）二网经销商未将车款直接汇入店内账户，而是由 4S 店的二网负责人代收或代刷卡，存在差价风险和携款潜逃的风险。

3）具备增值税一般纳税人资格的二网，但销售差价未在增值税发票中体现，待以后将返利返还给二网。

4）不具备一般纳税人资质的二网，开票时需按含返利价格给客户开具机动车发票，税费的承担；返利部分是否直接返给二网现金，或是收取冲抵以后的车款，开具含返利发票。

5）是否有销售未交款开票现象。

6）销售政策偏向二网，给二网的让利幅度过大，尤其是同城二网，导致二网销售畅销车型占多数，不但未能起到消化库存的作用，还分流了客户资源。

7）二网专员将即时库存信息透露给二网，协助二网利用资金优势，在不确定客户的情况下用订金占住二网所需车源。

8）4S店销售人员联合二网或车商，将展厅客户转化为二网客户，对差价进行分成，并将延伸业务（精品、保险等）"飞单"。

（2）相关案例

1）汽车4S店与二网经销商A企业合作，频繁收到A公司5000元或1万元订金，所订大部分为畅销车型，从交订金到最后交全款提车时间比一般销售周期长，销售合同都是后来销售顾问自己填写，车价均紧贴甚至低于限价销售。后查询A企业信息得知该销售顾问还有一重身份，是该单位合伙人，利用4S店平台为自己牟利。

2）汽车4S店，在A地设立二网，摆放4辆展车，每辆车只收取20%保证金，平时疏于管理，长期未对二网展车进行盘点；其中2辆展车已被客户提走，4S店2个月后才知情。

（3）内控措施

1）二网在付款、汇款单中注明所购车辆底盘号，或向二网收取加盖公章的其所付车款的购车明细表，每月给二网的对账函中，要有款项对账；原则上不允许发生二网展车无保证金情况，特殊情况下，车辆调拨必须经销售经理签字确认后由财务复核、总经理审批，车辆和二网的调拨必须要有财务经理、总经理签字确认。

2）不允许业务人员收取任何款项，任何收款项目只能发生在客户和财务收银人员之间，企业账户要向二网出具账户函或者在协议中注明，如遇账户变更及时向二网出具账户更改函，并得到对方收函确认；二网常用账户（含个人账户）要在4S店备案。4S店财务人员确认收款时要将二网汇款凭证与二网备案的常用账户核对。

3）不允许发生销售差价未在增值税发票中体现的情况，如因销售考核（如达到一定量再给予额外返利）原因需要支付给二网的返利，可在以后的车款中冲减，冲减部分要有总经理签字的返利计算单。

4）给二网的返利部分要收取税金，或者从返利中扣除。

5）二网车辆以每月二网盖章确认的函件盘点，并定期实地盘点（二网摆放展车每月应现场盘点，可通过现场照片方式确认，拍摄底盘号，并附当天报纸）。

6）根据品牌和当地市场情况，控制经销比例在销售总量的20%以内，原则上不在同城设立二网。大型二网（销量占比超过5%）需向总部报备。

7）畅销车型优先保证4S店展厅销售，价格不低于展厅售价。

8）规范与二网的合作方式，如订车、交款、提车的流程。

9）销售部门可定期对4S店的销售数据进行分析，判断二网是否起到了积极作用。

5. 精品业务管理

精品业务目前是4S店比重最大、利润最高的延伸业务，由于精品种类繁多，方式灵活，很容易产生舞弊和"飞单"行为。

（1）可能出现的漏洞

1）客户购买或赠送精品信息被篡改，导致精品被内部员工私领。

2）一些售后业务，如事故车维修、索赔维修本不会出库精品，却发现有精品出库。

3）"飞单"行为，业务人员将店内客户介绍到外面进行精品加装业务，牟取私利，有时会对客户谎称是4S店设的加装点。

4）由于客户交款一般既有车款又有精品款，而且客户大部分只关心总价款，机动车和精品发票各自开具多少受销售人员影响较大；若对销售人员考核方式不当，容易形成销售人员将车价和精品价互相挪移、多拿提成的情况。

5）精品销售单上的赠送明细与赠送实物不一致，精品专员未对实物与单据进行核对，销售员通过"写多赠少"的手段，多余件自留，收取下一个客户的钱款。

6）代收客户款，在销售单写赠送，自己获得收益。

7）合同中写"赠送"精品。

（2）相关案例

1）将一家4S店销售合同上的精品购买和赠送信息与实际出库信息对比，发现实际出库的数量比合同所列多出不少，部分是销售人员在利润率高的精品加装单上私自添加，这些添加的精品并没有加装到相应客户的汽车上，而是被销售人员拿走，也有销售人员辩解说有些客户要求赠送，但达不到赠送的标准审批不下来，所以把添加的精品送给这些客户了。

2）收到检举信息，某4S店一位销售人员经常将客户带到店外加装精品，并对客户说这是企业设在外面的加装点。经过调查发现，虽然客户信以为真，但有的要求开具该4S店的精品发票，为了弄到发票，该销售人员在待开精品发票上做文章（部分店内购买精品客户当时不一定要发票，所以财务账上以待开票收入计入，若后期客户索要发票可开具），对财务说待开票客户现在要求开具发票，并要求以车牌号作为发票抬头，而车牌号财务并不知晓，是该销售人员告知财务，而该销售人员实际告知财务的却是飞单客户的车牌号。审计人员通过售后系统找到待开票客户的车牌号，与发票上抬头车牌号对比，发现了大量不一致的情况。

3）某4S店一段时期内为鼓励精品销售，提出方案中将精品毛利提成率调高到15%，而同期商品车溢价提成率只有10%，被销售人员抓住了漏洞。例如，销售人员销售一辆车，车价50万元（溢价1万元），精品2万元（毛利1万元），按提成方案计算，该笔业务提成为2500元；但销售人员通过游说客户将车价改为49万元（无溢价），精品3万元（毛利2万元），在总价不变的情况下，提成却变为了3000元。在这个期间内，精品价格普遍超高，车价却有所下滑，实际经营无变化，4S店却多付出了提成。

（3）控制措施

1）销售合同、精品销售单、精品赠送单、精品加装单等店内流程单证，确保客户本人签字；精品加装单填写完毕后，空白栏目要划掉，以防他人人为添加；精品加装单交付审核时需附原始凭证，如销售合同或精品销售单以供对比。

2）对于精品业务量巨大的4S店，店内可以设置专岗，监控审批精品出库，分析业务数据，及时调整提成方案。

3）完善ERP系统，用每一份单据统一精品毛利率来控制利润外流。例如，管理层认同的精品毛利率为65%，且该4S店近一年或半年的历史数据也证明可以完成此毛利率，可以

65%作为每张精品销售单结算标准，但前提是要保证票面标准毛利率。

4）精品申请单上必须要有客户、销售顾问、销售主管、销售经理、精品专员签字，精品专员负责与客户核对赠送实物并签字。除财务人员可以收款之外，销售人员不得代收款，业务人员不得接触现金。

5）合同中不允许出现"赠送"字样，以免发生视同销售税务风险。

6. 精品安装

（1）可能出现的漏洞

1）加装清单上的车架号与销售车辆车架号不相符，导致精品损失。

2）加装精品项目与加装清单内容不相符，被精品安装工作截留，有的客户也不关注这些。

3）在修加装车的精品项目是否有更换，展厅车辆上大多都会放一些脚垫、香熏等容易更换的精品，且这些精品都是登记在加装车的名下的，销售顾问为了省事儿，随意更换车上的精品，但不重新更换精品出库单。

4）已销售未安装的精品，由销售顾问或精品安装工人保管，但保管混乱，随意堆放。

（2）内控措施

1）精品专员开具加装清单时，要核对车架号。

2）精品施工部门要核对装饰清单，施工单要与装饰清单车架号对应。

3）财务部门每周定期盘点展厅精品加装车，发现在修车精品清单与实物不符，应立即要求销售顾问进行原加装退库，并重新出库。

4）对已销售未安装出库的精品采用独立库房，并由销售信息员做好台账登记备查。

7. 外采精品采购结算

在4S店的精品中，除原厂精品之外，占比重更大的是外采精品，如太阳膜、导航等。因此，采购结算环节控制尤为重要。

（1）可能出现的漏洞

1）固定成本采购结算方式，存在采购价格偏高，以及采购人员收受供应商回扣的风险。

2）销售价格比例分成结算方式，以销售价格按比例结算采购成本（如五五分成），存在销售人员为多拿提成或受供应商诱使（如供应商按店内销售人员个人销售额私下给奖励），刻意把车价包含上精品价，导致4S店多分成给供应商的风险。

（2）控制措施

1）外采精品正常售价一般会高出成本一倍以上，所以从利润角度考虑，采取固定成本采购结算的方式较为合适。

2）外采精品采购使用集团或区域集采方式以降低成本，尽量避免4S店自己选择外采精品供应商；由总部精品管理部门来负责市场调查和外采供应商的考察、选择和谈判工作，或采用招标方式选取。

8. 上牌业务

（1）可能出现的漏洞

1）上牌费用大致由购置税、车船税、检验费和4S店自己收取的服务费组成，部分城市有牌照复印费等小额费用，各地标准不一。上牌的大部分票据原件交给客户，4S店留存的一般是复印件，而且票据面值小但数量极多，因此上牌费用的真实性需要监控。

2) 有的 4S 店是通过中介或外包上牌，给中介和外包服务费用过高，存在回扣风险。

（2）相关案例

某家 4S 店每年上牌量在 2000 辆左右，该店上牌员每辆车上牌报销费用是大车 300 元，小车 250 元；后派专人亲自上牌核实，当地上牌标准是大车 270 元，小车 220 元，上牌员每辆车报销的单据均夹杂了 30 元的复印费和停车发票，而实际上此笔费用不存在，属于虚报。

（3）内控措施

1) 4S 店管理人员应熟悉当地上牌规则和费用标准，避免虚报上牌费用。

2) 上牌收入也是 4S 店的利润点之一，因此上牌方式应尽量避免中介和外包。

9. 保险、按揭业务

（1）可能出现的漏洞

4S 店在与保险企业、按揭机构合作的过程中，通常涉及手续费返利事项，但保险企业、按揭机构的返点政策变化比较频繁，且种类繁多，若不规范返利方式，企业收益容易被私人侵占。

（2）内控措施

1) 控制措施：财务部门应掌握保险企业、按揭机构的返利政策变化。

2) 每天将收到的保单提供给财务收银人员，收银人员登记入台账，并当天计算出应得返利。每月要求保险企业业务人员提供业务明细，核对返利是否及时交到财务，并与对方企业有对账确认过程。

10. 二手车业务

二手车业务在发达国家汽车市场上已占相当比重，而在国内尚处于起步阶段。其实，二手车业务存在较大的利润空间，尤其是高端品牌，主动推行以旧换新等置换活动还可以促进整车的销售。

目前国内 4S 店二手车业务有两种开展方式，一种是 4S 店自己有二手车交易资质（自行开具二手车交易发票），另一种是 4S 店没有二手车交易资质，只是向卖方收取中介佣金的。我们来看看两种开展方式的差别是什么？

（1）有二手车交易资质（自行开具二手车交易发票）

流程如下：

1) 收车（①车况，②权属）。由销售人员查验车辆情况信息，收取该车辆驾驶证复印件、行驶证复印件、发票、购置税单、保单等车辆权属证明文件，查验无误后，库管做入库操作。入库单一式三联，库管一联、财务一联、销售信息员一联。

2) 管理。由财务部找评估机构，对该车进行出售价格评估；日常进销存管理，参与盘点范围，与正常整车库存管理方法一致。

3) 出售。销售人员找到购买二手车的客户，以不低于评估价的价格对外出售，销售信息员做出库操作，打印出库单、整车结算单，由销售经理、财务经理、总经理签字后由财务开具二手车交易发票。

（2）无二手车交易资质（二手车交易中心开具发票）

1) 联系受托出售方（不转移车辆权属）。对受托方车辆进行全方位拍照；收取该车辆驾驶证复印件、行驶证复印件、发票、购置税单、保单等车辆权属证明文件。

2) 寻找购买方（不收取任何车款）。由销售人员通过渠道寻找购买方，将受托方车辆情况向购买方进行展示。

3）促成交易，收取手续费。就二手车销售价格与受托方及购买方进行多次沟通，在双方均满意的情况下，与销售方签订中介服务合同，合同中明确车辆信息和销售价款，以及受托方所支付的中介服务费金额。

（3）可能出现的漏洞

1）4S店的现状是置换进来的二手车大部分低价卖给了二手车商，利润流向下一环节，主要原因是4S店面临资金压力，不能容纳过多二手车库存，必须快进快出。

2）管理层对二手车业务不够重视，交由二手车业务负责人全程包办所有环节，产生了与车商利益关联的空间。

3）具有二手车交易资质的4S店需注意税率部分。如果是从企业采购，抵扣进项税，在销售时以销售价格16%进行发票开具；如果是从个人手中采购，则无进项税，销项税按简易计征：销售价格依3%征收率减按2%征收。

4）没有二手车交易资质的4S店税率：因4S店并未支付款项将车辆购入本店，故无进项税可抵扣，同时也没有向购买二手车客户收取车款，此业务纯属4S店向二手车买卖双方提供中介服务，故按服务费金额6%缴纳增值税。

（4）相关案例

某4S店财务部发现一年内有十余名客户的车款都有同一人参与垫付，后经了解，此人是一名二手车商；被垫付的客户都有旧车置换，该店二手车业务只有一人负责，二手车负责人未按正规流程操作，无车辆评估和竞价过程，也无置换和处置协议，平时是直接通知二手车商过来看车并与客户谈好价格，二手车商谈好价格给客户垫付款并将车提走；这十余辆二手车的利润完全流向二手车商，4S店无任何收益。

（5）内控措施

1）规范二手车各项环节，如业务接洽、车辆评估、协议签订、旧车竞价、处置审批的操作流程，关键环节由其他部门监督。

2）设定二手车利润指标，纳入二手车负责人考核范围。

3）业务进行方式不同，则税率不同，选择时考虑税收筹划。

11. 大客户管理

（1）可能出现的漏洞

厂家对于大客户有额外返点，因此大客户车价一般低于普通客户，但也有销售人员为低价售车，或大客户专员为完成厂家任务，将普通客户作为大客户申报，以大客户的低价售出汽车，但最后厂家不通过，未拿到返点，实际上形成了损失。

（2）内控措施

财务部门应及时关注厂家大客户返利情况，并将返利情况纳入大客户专员考核范围。

二、售后维修

售后维修流程如图2-4所示。

1. 维修收款环节

（1）可能出现的漏洞

1）高开发票或代开发票，收取客户税金。

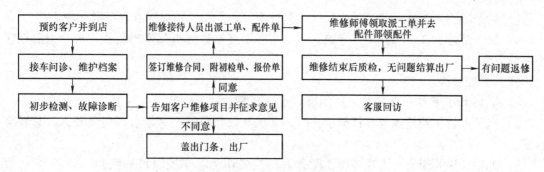

图2-4 售后维修流程

2）代替客户刷卡套取现金，如客户缴纳现金，服务顾问代收后用自己的卡刷卡套现等现象。

3）售后维修月结客户的账务是否及时清理。

（2）内控措施

1）高开发票或代开发票属于虚开发票，是触犯法律的行为，应严格管理，坚决制止。

2）除财务结算人员之外，严禁其他业务人员接触经营款项。由客户本人持结算单据到结算处交款，并签字确认。财务结算人员如发现违规人员，可同客户沟通确认、找好证据。对其他业务人员接触经营款项必须严格控制，做红线管理。如若忽视此环节必定会出问题。

3）套现违反《关于妨害信用卡管理刑事案件具体应用法律若干问题的解释》，属刑事案件。

4）如企业因战略发展原因，对某些大宗客户维修业务进行先修后结的政策，财务人员需每月对此类客户的账务进行清查，按合同约定账期时间前十五天、七天、三天、一天分别对前台维修接待人员进行提醒，避免给企业造成不必要的损失。

2. 车辆维修状态风险

（1）可能出现的漏洞

1）系统显示在修状态或已生成结算单，未完成结算交款，实际车辆已经离场。

2）系统无车辆维修单，但车辆在场。

3）前台人员、收银人员均可开出门条，导致一些车辆维修完成后未结算已出厂。

4）无出门条管理规范。

5）车辆已进厂，但系统上未开立工单。不及时开立工单留下进厂记录，可能发生客户车辆进厂维修但未收费，或被人介绍到外面去维修等情况，且事后不易被发现。

（2）内控措施

1）财务人员抽查盘点在修车辆，每周定期实点一下，与系统里的车辆信息进行核对，防止出现跑单或干私活。

2）严格管理出门条，仅允许财务部门出具出门条，售后部门如遇临时检查等不需更改配件或人工操作单据，自行填写出门条，并要求门卫见到财务业务章方可放行。

3）建立出门条管理规范，规范出门证明的使用。

3. 服务顾问改单据权限

（1）可能出现的漏洞

1）服务顾问人为地更改工时或配件结算单单价，不用折扣形式逃避审批程序。

2）缺乏维修折扣权限规定，导致折扣滥用或不严格执行折扣审批流程，都会引起维修毛利率下滑。

（2）内控措施

1）应与 ERP 系统厂商联系，关闭价格更改功能，只能打折。

2）财务人员见到结算单有打折字样时，需关注结算单是否有售后部门负责人、总经理签字。

3）如果无法关闭价格更改功能，财务人员应使用毛利率控制整单毛利，如在 4S 店管理层要求的毛利率标准以上，方可予以结算。

4. 代金券、保养赠送券及会员卡的结算使用

（1）可能出现的漏洞

1）大多 4S 店的代金券、保养赠送券及会员卡都是由售后部门自行管理，财务部门只有在使用这些卡券的时候，才知道业务部门自制了卡券。售后代金券发放部门不统一，售后、客服、市场都有可能发放，而且发放标准不统一，发放时无签收手续，也无相应人员计算发放数量和金额，无法预估今后会发生的免费维修量。

2）代金券未设定维修类别和采用记名式，也会导致被冒用滥用。

（2）内控措施

1）严禁业务部门自行发放代金券，发放前必须和财务部门共同商议代金券的发放、使用、回收流程以及财务部门对收入成本的确定方法。

2）代金券上必须标明使用期限、车架号或车牌号、金额，并加盖财务专用章方可使用。

3）收银人员接到维修工单上需使用赠送券及会员卡进行结算时，需先查看台账，在确认金额及种类后再进行结算，使用后要及时维护台账。

5. 备件出入库

备件业务是售后业务的核心，备件出入库管理是否规范。直接决定售后业务是否规范。同时，备件管理工作很大程度上取决于备件管理人员的责任心、职业道德，以及备件管理系统的健全程度。

（1）可能出现的漏洞

1）在入库环节上向厂家采购原厂备件，厂家提供发票都会附供货清单，财务容易核对；而采购副厂备件时，由于外采备件供应商规模小，有的只提供发票，无供货清单，有的供应商提供了供货清单，但只有备件部门有，未提供给财务，结果财务对外采备件入账只能依据发票金额，但备件部门在系统上做入库时，有机会在总金额不变的情况下，利用调高入库单价的方式来减少入库数量，将少入库的备件归为己有。

2）外采备件采购量具有临时性、采购量小的特点，一般是备件经理独自完成供应商选择和定价、定量的过程，这其中会出现采购价格偏高甚至有时高于原厂备件的情况。

3）库存管理环节上，若缺乏财务定期全盘、每月抽盘，放任备件部门自行盘点，也极容易出现大额盘亏。同时，有可能出现的舞弊行为是备件部门与供应商联合，将备件库中原厂备件换成副厂备件牟利。

4）原则上，售后系统的工时和备件价格一般都是设定好不允许修改的，需要让利时，

则以折扣的方式在维修工单上体现，但有的服务顾问为规避折扣审批流程，串通备件部门修改了备件出库价格。

5）在工单上修改备件名称是售后业务常见的违规行为，工单上的备件名称是常用维修备件，而查询对应零件号，却发现实际是精品之类，客户不知情，精品被工作人员拿走。此类现象在事故车维修上居多，而且售后人员解释的理由一般是为了提高定损价而将精品送给了保险企业定损员；但赠送未走审批流程，仍然违规。

6）维修时给客户少更换备件，主要是机油等养护品，实际使用数量少于出库数量；或在工单上人为增加与此单维修无关的备件，以事故车和索赔项目居多（事故车出库备件量大，索赔不需客户付费，在这两种情况下客户均不会太关注备件明细项目）；这两种行为都会给企业造成损失。前一种方式是为了私自外卖牟利，或备用于接私活。后一种方式也可能是备件部门为逃避承担备件丢失、损坏的责任，将已丢失、损坏的备件在系统上转嫁到前来索赔和理赔的客户身上。

7）利用反结算操作篡改工单，私自在已完毕的维修工单上添加备件出库项目。

8）长期借件不还。

9）申请付款单位与实际采购单位不一致，实际付款单位无发票或委托其他单位代开发票等。

10）供应商是小规模纳税人，导致无进项税抵扣，但销项税一样要缴纳，损失税金部分。

11）供应商与4S店是否存在亲属关系，亲属供应商价格比其他供应商采购价格偏高，造成利润外流。

12）备件采购人员与备件供应商之间存在返利、私下结算回扣。

（2）相关案例

某4S店财务人员在对配件仓库进行盘点时，偶然发现存在库外库的现象，配件价值5万余元。经核实，均是通过篡改工单、为客户少更换配件的途径套取。另外，汽配销售商与售后维修人员串通，将配件盗出销售的现象也是屡见不鲜。

（3）内控措施

1）外采备件的发票和供应商供货清单原件应一同交到财务，财务核对品种、数量、金额是否与系统一致。

2）外采备件中大部分为常用件，可通过更为合理的订货计划减少紧急订件量，降低订货成本。对于个别厂家暂时缺货备件，可以想办法向同品牌4S店平价调货。

3）备件盘点制度严格执行，形成盘点报告由财务部门、备件部门、售后经理共同确认，并报总经理审批，盘盈盘亏需及时处理。

4）备件违规出库行为一经发现应及时处理。

5）加强车间管理，安装监测系统。

6）反结算权限只限于财务。

7）设置借件登记本，每次借件必须详细登记借件人、借件时间、借出备件零件号和名称、借出用途等信息。借件超出30天的备件部门要求借件人归还。

8）规范出入库管理，建立供应商备案制度，采购款项只对配件入库单位支付，售后会计做供应商结算的时候要按客户往来管理结算。如实际付款方确实无法开票，可委托其他单位开具发票，但需要备案其开票企业信息及委托书，加盖委托方与受托方公章。

9）不允许销售商与店内非财务人员结算，人为返利操作等。

10）建立合作前收取对方相关的资质证明及证件复印件，合作商必须为一般纳税人资格。

11）尽量杜绝到亲属店采购。

6. 首保索赔

（1）可能出现的漏洞

1）索赔人员申报随意、资料上报不齐，厂家拒赔。

2）索赔申报后，厂家审核通过金额与实际发生金额不符。

3）索赔发票开具后，索赔回款不及时，无人对账，长期挂账。

4）索赔配件毛利率为0甚至低于成本价申报索赔。

5）假索赔是4S店偶有发生的行为，属于违规行为，但个别4S店有时为了把售后纠纷的损失转嫁到厂家，也会做一些假索赔，但假索赔很容易被业务人员利用牟取私利，厂家拒赔的概率也很大。

（2）相关案例

某4S店部分售后服务人员、维修人员、索赔员是同乡，形成了利益团伙，其作案方式是欺骗一些保养客户说车辆某些部件有问题了需要更换，4S店可以做索赔不需客户付费，客户一般会同意。该团伙表面上将车停在工位上打开工时灯一段时间，实际上却未做任何修理，通知客户说维修完毕。然后，在系统上申报索赔，将索赔单上的备件领出后变卖，并在市场上找一些旧件放到索赔旧件库冒充。经统计，三个月内该团伙领出变卖的备件在7万元左右，同时因缺乏索赔旧件，引起的厂家拒赔金额累计已达30多万元，给4S店造成了巨大损失。

（3）内控措施

1）所有索赔按厂家规定进行申报。售后会计必须与索赔员做好沟通，索赔要下工单，月末财务人员与索赔员根据厂家确认索赔清单确定收入并做应收账款处理，然后逐笔跟踪厂家回款。

2）对超过一定期限未收回的索赔款进行冲减，并加入当期成本，后期督促业务部门再次进行业务处理。

3）建立售后索赔台账，注明索赔单号、索赔时间、索赔状态、索赔发票金额、索赔到账金额、差额、差额处理方案。

4）关注索赔的毛利率和索赔的回款率是监管索赔是否有效的最好办法。

5）索赔旧件库定期盘点和抽盘结合，查看索赔旧件是否齐全。

7. 事故理赔维修

（1）有可能出现的漏洞

1）理赔员或服务顾问以私人名义代客户理赔的状况。

2）保险企业理赔人员或服务顾问要求高开发票与定损单金额不符，牟取价差。

3）保险理赔回款无管理。

4）委托企业理赔代办的事故车，资料未递交齐全，未通过保险企业核赔。

5）对超出保险企业理赔范围的事故车仍进行理赔代办。

（2）内控措施

1）不允许以私人名义为客户代办理赔。

2）不允许高开发票，定损单在财务结算时必须拿到，保证定损金额与结算金额、发票金额一致。

3）售后会计对应收管理的重点内容之一——保险理赔的回款：事故车维修完毕，以保险企业定损单为依据向客户预收款项，并建立保险理赔台账，登记结算日期、车牌号、姓名、保险企业名称、理赔金额、结算金额、保险企业回款日期、退还客户预收款的金额、退还客户预收款的日期。

8. 剩余油品、旧件回收及废品收入

废旧物品回收流程如图 2-5 所示。

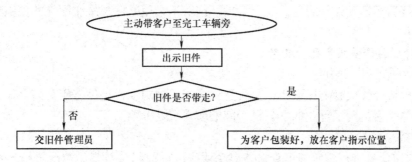

图 2-5　废旧物品回收流程

（1）可能出现的漏洞

1）给客户加机油会有加不完的情况，或更换零件旧件客户不要，就开成了剩余油品、旧件，大多数 4S 店这方面无人监督管理，流失严重。

2）4S 店废品收入主要是废机油、机油瓶、机油桶、维修更换件等变卖的收入，有一定的金额。售后车间往往通过少交、不交等方式进行收入截留，形成账外小金库。

（2）内控措施

1）建立剩余油品、旧件回收奖惩制度，旧件领用制度，设置管理台账或表单，车间维修人员不允许存放旧件。

2）对于旧件的管理，要求配件部建立旧件库，实时监管进销存，每月进行盘点。

3）剩余油品由配件部建立台账，入库单据及出库数量必须写明，财务每周或每半月核查一次。

4）发文规定废品收入必须交财务入账；废品变卖时，除售后人员，必须有财务或行政部门人员参与；根据每月产值，测算废品收入是否合理。

9. 油漆辅料的结算

（1）可能出现的漏洞

油漆辅料在平时采购来时，是一大桶或一大袋，在入库时没办法分一个单位入库，只能以一桶、一袋入库，使用次数多，且每次出库数量没办法确定，导致很多店好几个月不出，或一个月出好多，造成利润虚化，无法给管理层提供准确的信息，帮助管理层决策。

（2）内控措施

1）由油漆工每日按照实际使用的数量合理估计后进行登记，每月月底进行汇总后开结算单，由财务结算出库。

2）制定固定消耗额（如一面需要使用多少油漆）进行成本匹配，月末用当月油漆出库成本金额除以当月喷漆收入计算出销售成本率，按月分析差异，控制成本。

10. 配件库存管理

（1）有可能出现的漏洞

库存结构不合理，造成常规库存不够、非常规配件呆滞。

（2）内控措施

原厂配件采购在月初下订单时，根据本月售后任务进行合理预估，保证常规库存不断、非常规配件不多，由售后会计每月月底根据各配件累计出库频率排序进行分析，出库分为常用配件（大于等于60%）、不常用配件（小于等于25%）、呆滞配件（小于等于15%），并将结果告知售后经理、配件经理，配合售后部门对不常用配件及呆滞配件的促销活动或其他渠道进行消化。

11. 与外界合作或者委托外业务

（1）有可能出现的漏洞

企业与外界合作或者委托业务，是否建立了相关的制度，是否有相关的合作协议，企业应取得的利益是否达到了行业标准，是否能够取得正规发票。

（2）内控措施

1）合作协议要进行相应的审查，并对企业应取得的利益与市场情况进行定期调查，确保企业利益的最大化和防止经济漏洞的产生。

2）4S店业务外包需要核对对方的维修资质，保证维修质量，招标和询价是内控管理的有效手段，建立询价机制，保证企业成本最低。

12. 售后维修减免情况授权控制

（1）有可能出现的漏洞

售后维修减免授权控制，主要是指4S店不同级别人员对于老顾客、大客户、投诉客户等在业务处理中享有不同的权限，以提高售后维修产值，同时防止舞弊产生。

（2）内控措施

出台售后减免授权签批管理制度：

以下两大类共十项维修减免规定需各4S店根据厂家维修管理系统统一在客户信息栏中标注（标记），且必须随时满足调取、统计各项减免信息。

1）关联企业事故车采用工时5折、材料成本价结算。

2）各4S店自有公务车辆（仅含正常维修、保养，保险事故责任及员工个人责任除外）免单。

3）集团员工自有车辆（行驶证登记车主姓名必须为本集团员工）工时5折、材料按照厂家最低限价（或企业规定）销售。

4）合作/协议单位、大客户，严格按照协议、合同执行，签署新增的协议客户合同，工时费折扣、配件均以合同为准。

5）行政主管单位/当地政府机关，比照合作/协议单位、大客户执行，如低于合同约定，需总经理批准，财务留档备案。

6）打折卡客户须在系统中有明确标记，能够及时统计汇总，并调取详细信息，财务备案信息。

7）根据每次活动的具体要求在系统中注明市场活动的名称及信息。

8）厂家、集团或区域组织的市场活动严格按照活动内容执行相应折扣。

9）店内自行组织的活动工时折扣不得超过企业规定折扣。

10）根据不同类型进行顾客抱怨分级，并在系统中进行注明。

13. 维修费名义套现管控

（1）可能出现的漏洞

4S店通常实行预算管理制度，在维修车间日常运营中每月都有一定的设备维修费，金额不等，该费用也存在重大舞弊风险。

（2）内控措施

1）建立健全企业保修环节管理制度，如申请保修签批、保修拍照等，获得批准后执行。

2）财务人员不定期联合业务人员对维修材料使用情况进行检查。

3）根据历史数据、业务量判断费用发生的合理性。

三、综合风险点

1. 总经理绩效考核

（1）可能出现的漏洞

总部一般会制定总经理考核政策引导4S店的行为，但4S店也会采用一些行为使考核对自己有利，却损害了企业利益。

（2）相关案例

1）总部考核商品车超期库存过多会影响总经理和销售经理的绩效。4S店采用与其他品牌4S店换车的方式，使自己的超期库存出库，把对方4S店的超期库存换进来在系统上入库，成为新库存。售后备件往往也会如此，甚至单店就可操作，自己在系统上做一出一入。

2）总部对4S店总经理以利润为主要考核目标。某4S店备件库有一批2年以上库龄的滞压备件，备件经理提出处置申请争取挽回一些损失，处置价格是该批备件初始成本的30%，但总经理一直未批，因为这样处置会形成财务账面上的损失，影响其当年考核，最终导致两年后这批备件价值全无而无法处置。

（3）内控措施

对于4S店总经理和业务管理层绩效的考核，可以采用综合考评方式，如业绩考核占70%权重，管理考核占权重30%。

2. 库存盘点

（1）可能会发生的漏洞

对库存不盘点，数量也不核对，实物与账务不相符，包括整车、备件、固定资产及其他整车（已出库在修车），存货管理混乱。

（2）内控措施

1）每月月末进行整车实物盘点，备件每月进行抽盘（抽盘占所有配件库存大于60%），一个季度进行一次全盘，并出具盘点报告，相关责任人签字确认。

2）对票到货未到，或货已到票未到的情况下，都做暂估处理。

3）对长期滞销积压的整车、备件计提跌价准备，单位内部制定相应的措施进行处理。

4）废旧件的处置必须交由综合部门和财务部门进行后入账。

5）对盘点有差异的部分提交书面盘点报告，上报单位待领导批示后进行账务处理调整。

6）定期与各网点统计核对及时发现价值与数量上的差异，避免差错的存在。

7）每周由售后会计对已出库配件的在修车进行盘点，保证车辆在库，此类车辆无财务出门条不允许出库。

3. 试乘试驾车处置

（1）可能出现的漏洞

1）4S店管理人员利用职权关系，以过低的价格购买本店试乘试驾车，或低价卖给朋友等关系客户。

2）由于厂家对试乘试驾车的数量要求较高，有的4S店出于资金压力，上牌的试乘试驾车的数量达不到要求，于是将部分商品车使用临牌做试乘试驾车使用，而未上牌的试乘试驾车在处置时，为获得大额利润，以商品车相近价格出售，却违反了厂家政策，遭到客户投诉。

（2）相关案例

2012年，某4S店销售人员将两辆未上牌试乘试驾车（已行驶一段时间）在旧机动车市场作为新车售出（售出前调了里程表），后被客户发现投诉到厂家，最后厂家判定该4S店双倍赔偿客户400多万元。

（3）内控措施

1）4S店销售试乘试驾车时，需请三方评估机构对车辆进行评估，给出一个评估价格。销售人员在与意向人谈价格时，也需要财务部、行政部工作人员同时在场，评估机构最好由财务部指定。

2）在销售试乘试驾车辆时，一定要事先告知客户是试乘试驾车，且在价格上要优惠于新车，合同中也需要注明是试乘试驾车。

4. 出门证管理

（1）可能出现的漏洞

出门证是车辆放行的依据，若无出门证制度或不严格执行，随意放行，对内部车辆，如商品车、试驾车而言，形成了资产安全风险；对外部车辆，如维修车辆，则容易形成跑单、违规挂账的情况。

（2）内控措施

1）车辆放行一般都涉及交款结算情况，所以出门证只能由财务部门开具。如果是不需要配件出库的临时检查之类的车辆，由业务部门填写出门证，并在财务部门盖财务出门证章方可放行。

2）4S店只设置一个出口，出门证制度对门卫需贯彻清楚，以确保执行。

5. 阴阳工资控管

（1）可能出现的漏洞

人力成本占4S店总成本一半左右，奖金是业务人员积极性的工作风向标，也是体现公平公正管理氛围的标志，但一般4S店对于奖金的二次分配比较明显，存在重大分配不均，甚至私设小金库的情况。

（2）内控措施

1）建议企业对奖金制度透明化管理，如工时提奖率、销售台次、长库龄车销售提奖基数等。

2）财务人员定期了解员工奖金收取的正确性，对员工存在奖金发放异常、出现抱怨的情况及时进行检查。

6. 赠品的动态管理

（1）可能出现的漏洞

4S 店需要根据经营情况的不断变化及时出台或更新促销政策，其中实物赠送是使用非常普遍的一种手段，运用得当的话可以对销售起到非常大的促进作用。可是如果管控手续不健全、措施不到位就可能导致欲速则不达的结果，一方面对销售起不到推动的作用，另一方面会导致店内资产的流失。

（2）内控措施

1）促销方案必须经相应审批并由财务部门监督执行，同时在制订促销方案时，财务部门应做出收入、成本确认方案，以便业务部门衡量业绩。

2）确保最终客户能够知晓并享受到赠品，赠品由行政部门采购、入库。活动赠予时，应建立表格档案，客户领取奖品时必须签字确认。

3）定期评估促销效果，市场部应每周对店内活动及其他活动进行表格整理，计划新增线索、实际新赠等内容。

4）客服部门及时回访，确保签字客户能拿到赠品。

7. 食堂成本控制

（1）可能出现的漏洞

4S 店食堂成本控制容易被忽略，一般食堂都是由行政部门负责采购菜品或将食堂承包，按人员多少支付，这也是比较容易滋生舞弊的业务范围，如虚开采购发票、每月用餐人数不准确等。

（2）内控措施

1）建立餐厅成本控制考核制度，每人每日单餐成本控制在一定范围内，并且进行比对，超出处罚，节约奖励。

2）建立菜品采购监督机制，要对每日菜品价格波动多关注。

8. 销售转介绍返利

（1）可能出现的漏洞

4S 店为了拉动销售业务，会发生一些客户转介绍情况，并给介绍的老客户一笔现金或者油卡等方式的报酬。有些 4S 店是由销售人员来办理此业务，会出现 4S 店账里显示客户已收取报酬，但客户本人不清楚的情况。

（2）内控措施

推出此类活动时，事前明确企业毛利空间，并与客户沟通好，需要提供发票，还是在新客户的车款中减掉，月末由计划员进行汇总后提交书面报告并提供成交附件到财务部报备，财务部根据赠送的金额及方式，给客户转款或发放油卡。油卡在购入时，需入精品库，登记在新客户的车架号名下，以精品出库，进精品成本。

9. 给车商返利的管控

（1）可能出现的漏洞

4S 店为了拉动销售业务，销售顾问通常会与相对比较固定的车商合作，并给予车商一定的返利报酬，此种经销方式如果管控不到位，也比较容易滋生舞弊，扰乱正常经营秩序。

备注：车商与二级网店的区别在于车商一般是活动在市场上的个人，不是法律主体。

（2）内控措施

财务部协同销售部制定相关制度。考虑内容包含：

① 确定返利让利的额度范围，并定期更新分析评估。

② 严禁坐支。执行在购车客户款项到账 15 日后，才可以支付返利的制度，便于通过客户回访确定交易的真实性。

③ 严格审核签字制度，返利单据需事先由销售顾问、销售经理、财务经理和总经理确认，并由财务备案。严禁先返利后补手续的情况出现。

④ 返利必须由店内财务直接汇入经销商或客户个人的银行卡内，严禁以现金方式支付返利。

⑤ 客户满意度调查。将客服满意度纳入 4S 店回访内容，并定期反馈到企业管理层，对虚假行为严惩。

10. 财务内部管控

（1）可能出现的漏洞

1）款项支出是否准确。

2）发票认证是否及时。

3）账务处理是否及时。

4）现金存取。

（2）内控措施

1）无论支付金额大小全部由银行存款支付，且必须要有支出的相关原始票据，如合同、发票、出库清单，最好所有采购业务都以公对公的方式结算，尽量不采用个人支付再报销的方式，如必须由个人代企业采购的，需要有办事人员采用电子支付或者 POS 刷卡凭条作为报销凭证之一，以免工作人员利用此类漏洞，将不实业务在企业支出。

2）当月发生的业务，当月进项税必须全部进行认证，会计每星期核对发票认证情况，避免出现跨月认证，或者因为认证不及时给企业造成缴纳增值税的风险。

3）当天发生的经济业务，于当日下班前做出日报并核对无误，上报财务经理抄送业务经理核对，第二天完成账务处理，做到日清月结。

4）企业指定人员每天定时送财务人员去银行存现金，除周末外不允许现金在企业滞留。

11. 厂家扣罚返利管控

（1）可能出现的漏洞

4S 店在参与厂家组织的活动或者其他方面如果达不到厂家的要求，就会被扣罚返利，这会直接影响返利当期利润完成情况，由于被扣罚返利一般只在厂家系统中反映，具有一定的隐蔽性，故容易被忽视。

（2）内控措施

1）财务人员应定期登录厂家系统查看是否存在扣罚返利的情况。

2）对于扣罚的原因进行具体分析，区分是属于客观原因还是主观因素导致。

3）扣罚金额应作为当年管理层实际完成利润的减项处理。

4）提出改进建议。

12. 招待费管控

（1）可能出现的漏洞

4S店招待费发生频率比较高、金额比较大，财务部门在监管过程中很难判断费用的真实性、票据的有效性。

（2）内控措施

建立招待费管理制度，内容包括标准控制、预算控制、人员控制、报备控制、事后检查、刷卡消费、菜单清单控制等，定期进行招待效果分析。

13. 市场费用管控

（1）可能发生的漏洞

在一般的4S店市场费用（广宣费用）是仅次于人力成本的第二大项费用，所占比例较高，是费用控制的重点。4S店市场费用管理是个难点，费用发生的真实性、成本合理性、广告效果的业务拉动评估等均需要监督管理。

（2）内控措施

1）对日常广告费支付，要求申请部门必须提供所做广告刊物、户外广告照片，电台听取记录等。

2）要求市场部门定期评估，广告业绩拉动分析，评价广告效益。

14. 车辆燃油卡管控

（1）可能会出现的漏洞

4S店车辆用油成本管理控制在成本控制环节非常重要，避免成本虚增、人员舞弊。

（2）内控措施

1）企业建立一车一卡制度，分离管理，车辆由行政部门管理，油卡由财务部门保管，加油时登记领取使用。

2）行政部门根据财务数据，对百千米油耗或每千米使用油费用分析比较。

3）建立健全考核奖惩机制，对节约奖励，对超出处罚。

"小王，以上就是我们内控管理的所有内容以及各企业规章制度，这些你以后在使用过程中慢慢学习，一定要遵守企业的各项规章制度。下面讲一下税务风险，金税三期系统（简称金三）上线后，税务局查的非常仔细，我们一定要规避所有税务风险，违法成本太高，我们承担不起，你要仔细学。"

"好。"

第3章 Chapter 3

税务风险

第1节 销 项 税

一、隐匿、低开发票形成的不缴销项税、少缴销项税

风险行为：4S店为了少缴销项税或不缴销项税采用低开或将一部分不开发票的方式，属于偷税行为。

相关法律条文：《中华人民共和国税收征收管理法》

第六十三条　纳税人伪造、变造、隐匿、擅自销毁账簿、记账凭证，或者在账簿上多列支出或者不列、少列收入，或者经税务机关通知申报而拒不申报或进行虚假的纳税申报，不缴或少缴应纳税额的，是偷税。对纳税人偷税的，由税务机关追缴其不缴或少缴的税款、滞纳金，并处不缴或少缴的税款百分之五十以上五倍以下的罚款；构成犯罪的，依法追究刑事责任。

第六十四条　纳税人、扣缴义务人编造虚假计税依据的，由税务机关责令限期改正，并处五万元以下的罚款。

条款解释：纳税人不进行纳税申报，不缴或者少缴应纳税款的，由税务机关追缴其不缴或者少缴的税款、滞纳金，并处不缴或者少缴的税款百分之五十以上五倍以下的罚款。

纳税人、扣缴义务人编造虚假计税依据，是指纳税人、扣缴义务人所实施的伪造、变造、隐匿、擅自销毁，多列支出，不列、少列收入和虚假的纳税申报等行为。所谓伪造，是指纳税人或扣缴义务人依照真实账簿、真实凭证的式样，制作假账、假凭证，以假充真、鱼目混珠的行为；所谓变造，是指纳税人或扣缴义务人在真实账簿、真实凭证上通过挖补、拼接、涂改等方式，制作虚假账簿、虚假凭证，以假充真的行为；所谓隐匿，是指把真账簿、真凭证隐藏起来，使税务机关不能查实计税依据或难以查实计税依据的行为；所谓擅自销毁是指在法定的账簿、凭证保存期间，未经税务机关批准，自行销毁账簿、凭证的行为；所谓多列支出，是指纳税人或扣缴义务人虚增成本、乱摊费用、缩小利润数额等弄虚作假行为；所谓不列、少列收入，是指纳税人账外经营，取得应税收入不通过销售账户，直接转为利润或者专项基金，或者挂在往来账户不结转等行为；所谓虚假的纳税申报，是指纳税人在纳税时，扣缴义务人在扣缴时，少报、隐瞒应税项目、销售收入和经营利润等的违法行为。

店内操作：店内采用将收款金额分解，降低整车机动车发票开票金额，减少客户购置税金额，少开的部分以开收据的方式，从而达到少缴或不缴税款的目的。

案例经过：客户交款 10 万元，其中 1 万元精品，机动车票开 9 万元，收据 1 万元；财务在账务处理、纳税申报中做 9 万元。

最终处理：车主按 9 万元申报车购税，但交的时候发现低于税务局最低税基，按最低税基申报车购税，同时将该条移交至当地税务稽查部门。稽查部门经核实，对 4S 店做如下处理：补缴增值税 1/1.16 × 0.16 ≈ 0.14（万元），同时处以少缴税款 50% 的罚款，0.14 × 0.5 = 0.07（万元），同时因 4S 店帮助购车人做假信息，造成少缴购置税，除购车人自行补缴车购税外，4S 店和购车人各罚款 1 万元。

二、视同销售

风险行为：4S 店为增加销量，店内活动赠送如马克杯、雨伞等小物件；在向客户销售车辆时，赠送精品、保养。

相关法律条文：《中华人民共和国增值税暂行条例实施细则》

第四条　单位或者个体工商户的下列行为，视同销售货物：

（一）将货物交付其他单位或者个人代销；

（二）销售代销货物；

（三）设有两个以上机构并实行统一核算的纳税人，将货物从一个机构移送其他机构用于销售，但相关机构设在同一县（市）的除外；

（四）将自产或者委托加工的货物用于非增值税应税项目；

（五）将自产、委托加工的货物用于集体福利或者个人消费；

（六）将自产、委托加工或者购进的货物作为投资，提供给其他单位或者个体工商户；

（七）将自产、委托加工或者购进的货物分配给股东或者投资者；

（八）将自产、委托加工或者购进的货物无偿赠送其他单位或者个人。

如果视同销售金额不确定，或销售货物提供劳务价格明显且无理由较低的话，由税务局按以下条款进行核定。

第十六条　纳税人有价格明显偏低并无正当理由或者有本细则第四条所列视同销售货物行为而无销售额者，按下列顺序确定销售额：

（一）按纳税人最近时期同类货物的平均销售价格确定；

（二）按其他纳税人最近时期同类货物的平均销售价格确定；

（三）按组成计税价格确定。组成计税价格的公式为：

组成计税价格 = 成本 ×（1 + 成本利润率）

属于应征消费税的货物，其组成计税价格中应加计消费税额。

公式中的成本是指：销售自产货物的为实际生产成本，销售外购货物的为实际采购成本。公式中的成本利润率由国家税务总局确定。

如果该 4S 店未对该项个人偶然所得代扣代缴申报个人所得税，则根据《个人所得税代扣代缴暂行办法》第十一条　扣缴义务人应扣未扣、应收未收税款的，由扣缴义务人缴纳应扣未扣、应收未收税款以及相应的滞纳金或罚款。其应纳税款按下列公式计算：

应纳税所得额 =（支付的收入额 - 费用扣除标准 - 速算扣除数）÷（1 - 税率）

应纳税额 = 应纳税所得额 × 适用税率 - 速算扣除数

扣缴义务人已将纳税人拒绝代扣代缴的情况及时报告税务机关的除外。

店内操作：购车人在店内购买 A 型车辆一辆，当天是周末店内有促销活动（不管客户是否在店内购买车辆或维修车辆，只要抽中都会赠送礼品），购车人在活动中抽奖中了一只马克杯，购买车辆支付所有价款 20 万元，赠送精品 4 项。4S 店财务人员对赠送的马克杯，在采购时记入了销售费用，赠送时未做账务处理。车辆销售开具机动车发票 20 万元，赠送精品 4 项无确认收入，记入精品成本 2 万元。

最终处理：税务局工作人员在稽查过程中核实，该店赠送马克杯及精品，根据条例做如下处理：赠送马克杯按市场价格 20 元/只视同销售，当年共赠送 10 万只，补缴 $10 \times 20/1.16 \times 0.16 = 27.58$（万元）增值税；赠送精品、赠送保养等，因无法拿到每个同期市场价格和其他经销商近期销售价格，则按成本加成率 15% 作为计税依据，当年赠送精品、保养成本共计 200 万元，则补缴 $200 \times (1 + 0.15) \times 0.16 = 36.8$（万元），并处以少缴税款的 50% 罚款，即 $(27.58 + 36.8) \times 0.5 = 32.19$（万元）。因客户在店内购买车辆，所以抽奖中的马克杯不需要交纳个人所得税，如果没有在店内购买车辆，仅是意向客户抽奖所得要按偶然所得由 4S 店代扣代缴个人所得税。

三、混合销售

风险行为：4S 店提供一条龙服务，对购车人承诺从买车到上牌全程提供服务，收款全部款项，包括整车裸车价格、精品价格、按揭服务费、上牌服务费，销售商品按销售税率走，服务按服务税率走。

相关法律条文：《中华人民共和国增值税暂行条例实施细则》

第五条 一项销售行为如果既涉及货物又涉及非增值税应税劳务，为混合销售行为。除本细则第六条的规定外，从事货物的生产、批发或者零售的企业、企业性单位和个体工商户的混合销售行为，视为销售货物，应当缴纳增值税；其他单位和个人的混合销售行为，视为销售非增值税应税劳务，不缴纳增值税。

条文解读：混合销售有两个特点：一是其销售行为必须是"一项"（服务与销售货物有关联性）；二是该项行为必须既涉及服务又涉及货物。

例如：生产货物的单位，在销售货物的同时附带运输，其销售行为及提供运输的行为就属于混合销售行为，所收取的货物款项及运输费用应一律按销售货物计算缴纳增值税。

店内操作：购车人购买车辆一辆，采用贷款方式，4S 店共收款 20 万元，其中 1 万元贷款服务费、1 万元精品款、0.5 万元上牌服务费。4S 店财务账务中将 17.5 万元记入整车销售收入，按16%做销项税；精品 1 万元记入精品收入，按16%做销项税；1 万元贷款服务费与 0.5 万元上牌服务费分别记入咨询代办费及上牌服务费，按6%做销项税；并据此申报纳税。

最终处理：税务局工作人员在稽查过程中核实，业务具有关联性，属于混合销售，税率从销售商品，按16%记销项税。补缴$(1 + 0.5)/1.16 \times 0.16 - (1 + 0.5)/1.06 \times 0.06 = 0.13$万元，并处以50%罚款。

四、二手车业务

1. 二手车置换

风险行为：二手车置换按新旧车差价部分确认收入，按16%计算销项税。

相关法律条文：二手车置换业务借鉴《增值税若干具体问题的规定》第二款第三项纳税人采取以旧换新方式销售货物，应按新货物的同期销售价格确定销售额，不得扣减旧货物的收购价格。旧货按采购发票金额记入采购成本。

店内操作：顾客使用旧车 A（价值 5 万元）在某 4S 店进行二手车置换，置换新车辆为 B（价值 20 万元），4S 店按 15 万元作为整车收入，并开具发票、申报纳税。

最终处理：车辆价格低于正常价值，车辆购置税按最低税基缴纳税金，同时将该条信息移交当地税务稽查部门。税务稽查部门进店核实后，做如下处理：4S 店补缴税款 20/1.16 × 0.16 − 15/1.16 × 0.16 = 0.69（万元），并处以 50% 罚款，同时因 4S 店帮助置换人做假信息，造成少缴购置税，除置换人自行补缴车辆购置税外，4S 店和置换人各被罚款 1 万元。

2. 二手车交易

风险行为：委托人将车辆过户给 4S 店，4S 店将款项打给委托人，4S 店销售车辆时，按差额记收入，缴纳增值税。

相关法律条文：

国家税务总局公告 2014 年第 36 号《国家税务总局关于简并增值税征收率有关问题的公告》

第三条　将《国家税务总局关于增值税简易征收政策有关管理问题的通知》（国税函〔2009〕90 号）第一条第（一）项中"按简易办法依 4% 征收率减半征收增值税政策"修改为"按简易办法依 3% 征收率减按 2% 征收增值税政策"。

第五条　将《国家税务总局关于一般纳税人销售自己使用过的固定资产增值税有关问题的公告》（国家税务总局公告 2012 年第 1 号）中"可按简易办法依 4% 征收率减半征收增值税"修改为"可按简易办法依 3% 征收率减按 2% 征收增值税"。

第六条　纳税人适用按照简易办法依 3% 征收率减按 2% 征收增值税政策的，按下列公式确定销售额和应纳税额：

销售额 = 含税销售额/（1 + 0.03）

应纳税额 = 销售额 × 0.02

《国家税务总局关于增值税简易征收政策有关管理问题的通知》（国税函〔2009〕90 号）第四条第（一）项废止。

《关于二手车经营业务有关增值税问题的公告》经批准允许从事二手车经销业务的纳税人按照《机动车登记规定》的有关规定，收购二手车时将其办理过户登记到自己名下，销售时再将该二手车过户登记到买家名下的行为，属于《中华人民共和国增值税暂行条例》规定的销售货物的行为，应按照现行规定征收增值税。

除上述行为以外，纳税人受托代理销售二手车，凡同时具备以下条件的，不征收增值税；不同时具备以下条件的，视同销售征收增值税。

（一）受托方不向委托方预付货款；

（二）委托方将《二手车销售统一发票》直接开具给购买方；

（三）受托方按购买方实际支付的价款和增值税额（如系代理进口销售货物则为海关代征的增值税额）与委托方结算货款，并另外收取手续费。

本公告自 2012 年 7 月 1 日起开始施行。

政策解读：

1）从事二手车交易的市场（指按国家规定在省级商务主管部门备案的二手车交易市场）的增值税政策：

① 其他个人（即车主是个人的）在二手车交易市场内销售自己使用过的二手车免征增值税。

② 单位（即车主是单位的）在二手车交易市场内销售自己使用过的二手车分以下几种情况征收增值税：

a. 一般纳税人销售除应征消费税的摩托车、汽车以外的其他二手车辆，分三种情况征收增值税：2009年1月1日后购进的按照16%税率征收增值税；2008年12月31日前购进的按照3%征收率减按2%征收增值税；销售属于条例第十条规定不得抵扣且未抵扣进项税额的，按简易办法依3%征收率减按2%征收增值税。

按下列公式确定销售额和应纳税额：销售额 = 含税销售额/（1 + 0.03）；应纳税额 = 销售额 × 0.02。

b. 小规模纳税人（包括除一般纳税人外的其他单位）销售自己使用过的二手车（包括应征消费税的二手摩托车、汽车及其他不征消费税的二手车辆），减按2%征收率征收增值税。

按下列公式确定销售额和应纳税额：销售额 = 含税销售额/（1 + 0.03）；应纳税额 = 销售额 × 0.02。

2）从事二手车交易的经销企业，包括从事二手车交易的汽车生产和销售企业，销售二手车，一律按照简易办法依照3%征收率减按2%征收增值税。

3）一定根据政策区分是代理、自己使用过的旧物，还是销售货物，三种不同的区别会带来不同的税率差异。

店内操作：委托人委托某4S店销售车辆，4S店支付给委托人5万元将车辆购买入库，并在二手车交易市场过户，一个月后4S店以5.5万元的价格销售给客户，4S店按0.5万元记收入，以3%减按2%政策计销项税，0.5/1.03 × 0.02 = 0.01（万元）。

最终处理：经稽查工作人员核实，该4S店业务属于销售自己使用过的货物，以收款额为计税依据，该店补缴5.5/1.03 × 2% − 0.01 = 0.1（万元），并处税额50%罚款。

五、代收代付款项

风险行为：4S店受托从其他店采购再销售，过程中4S店有收款及付款行为，账务中以代收代付处理，按差额做收入及增值税。

相关法律条文：《关于增值税、营业税若干政策规定的通知》第五条 关于代购货物征税问题

代购货物行为，凡同时具备以下条件的，不征收增值税；不同时具备以下条件的，无论会计制度规定如何核算，均征收增值税。

（一）受托方不垫付资金；

（二）销货方将发票开具给委托方，并由受托方将该项发票转交给委托方；

（三）受托方按销售方实际收取的销售额和增值税额（如系代理进口货物则为海关代征的增值税额）与委托方结算货款，并另外收取手续费。

店内操作：客户在某4S店购买车辆一辆，收取客户20万元，因该店没有库存车，从B

店调一辆车辆，支付给 B 店 15 万元，由 B 店直接开票给客户。4S 店账务处理中做代收代付，差额确认收入，计算销项税 $(20-15)/1.16\times0.16\approx0.69$（万元）。

最终处理：稽查核实后认为该业务不属于代收代付行为，而是销售货物行为，需按收款全额确认收入计算销项税，该 4S 店补缴 $20/1.16\times0.16-0.69=2.07$（万元），并处以 50% 罚款。

六、销售废品收入计营业外收入

风险行为：4S 店出售废杠、废机油，计入营业外收入，不缴增值税。

相关法律条文：《中华人民共和国增值税暂行条例》第一条规定，在中华人民共和国境内销售货物或者提供加工、修理修配劳务以及进口货物的单位和个人，为增值税的纳税人，应当依照本条例缴纳增值税。

政策解读：

根据《中华人民共和国增值税暂行条例》，一般纳税人销售下脚料、报废设备的残料、旧书籍、报纸，应按照适用税率缴纳增值税，适用税率为：下脚料、报废设备的残料为 16%；旧书籍、报纸为 10%。虽然这些物品价值低且不是企业的常态经营行为，但因其适用税率不同，也应引起财务人员的重视。

店内操作：某 4S 店全年废杠、废机油、废配件销售共计 1 万元，全部计入营业外收入，未缴纳增值税。

最终处理：稽查过程中核实，补缴增值税 $1/1.16\times0.16=0.14$（万元）。

第 2 节 进 项 税

一、准许从销项税额中抵扣的范围

相关法律条文：《中华人民共和国增值税暂行条例》

第八条 纳税人购进货物、劳务、服务、无形资产、不动产支付或者负担的增值税额，为进项税额。

下列进项税额准予从销项税额中抵扣：

（一）从销售方取得的增值税专用发票上注明的增值税额。

（二）从海关取得的海关进口增值税专用缴款书上注明的增值税额。

（三）购进农产品，除取得增值税专用发票或者海关进口增值税专用缴款书外，按照农产品收购发票或者销售发票上注明的农产品买价和 11% 的扣除率计算的进项税额，国务院另有规定的除外。进项税额计算公式：

进项税额 = 买价 × 扣除率

（四）自境外单位或者个人购进劳务、服务、无形资产或者境内的不动产，从税务机关或者扣缴义务人取得的代扣代缴税款的完税凭证上注明的增值税额。

二、不允许从销项税额中抵扣的范围

风险行为：4S店节日购买过节礼品发放给职工，向销售方索取增值税专用发票进行抵扣。

相关法律条文：《中华人民共和国增值税暂行条例》

第十条　下列项目的进项税额不得从销项税额中抵扣：

（一）用于简易计税方法计税项目、免征增值税项目、集体福利或者个人消费的购进货物、劳务、服务、无形资产和不动产；

（二）非正常损失的购进货物，以及相关的劳务和交通运输服务；

（三）非正常损失的在产品、产成品所耗用的购进货物（不包括固定资产）、劳务和交通运输服务；

（四）国务院规定的其他项目。

第十一条　小规模纳税人发生应税销售行为，实行按照销售额和征收率计算应纳税额的简易办法，并不得抵扣进项税额。应纳税额计算公式：

应纳税额 = 销售额 × 征收率

小规模纳税人的标准由国务院财政、税务主管部门规定。

店内操作：某端午节企业从超市购买月饼给员工发放，索取了增值税专用发票，抵扣了进项税0.5万元，不含税金额直接计入管理费用——福利费1.5万元。

最终处理：稽查人员核实后，对该店做如下处理：将抵扣的发放给员工福利的进项税做进项税转出，补缴税款。同时，发放给员工的月饼应计入工资薪金，申报个人所得税。

第3节　所　得　税

一、所得税适用范围

《中华人民共和国企业所得税法》第一条　在中华人民共和国境内，企业和其他取得收入的组织（以下统称企业）为企业所得税的纳税人，依照本法的规定缴纳企业所得税。个人独资企业、合伙企业不适用本法。

二、所得税税率

《中华人民共和国企业所得税法》第四条　企业所得税的税率为25%。

三、应纳税所得额

《中华人民共和国企业所得税法》第五条　企业每一纳税年度的收入总额，减除不征税收入、免税收入、各项扣除以及允许弥补的以前年度亏损后的余额，为应纳税所得额。

征税收入：《中华人民共和国企业所得税法》第六条　企业以货币形式和非货币形式从各种来源取得的收入，为收入总额。包括：

（一）销售货物收入；

（二）提供劳务收入；

（三）转让财产收入；

（四）股息、红利等权益性投资收益；

（五）利息收入；

（六）租金收入；

（七）特许权使用费收入；

（八）接受捐赠收入；

（九）其他收入。

《中华人民共和国企业所得税法实施条例》第十二条　企业所得税法第六条所称企业取得收入的货币形式，包括现金、存款、应收账款、应收票据、准备持有至到期的债券投资以及债务的豁免等。

企业所得税法第六条所称企业取得收入的非货币形式，包括固定资产、生物资产、无形资产、股权投资、存货、不准备持有至到期的债券投资、劳务以及有关权益等。

《中华人民共和国企业所得税法实施条例》第十三条　企业所得税法第六条所称企业以非货币形式取得的收入，应当按照公允价值确定收入额。前款所称公允价值，是指按照市场价格确定的价值。

《中华人民共和国企业所得税法实施条例》第二十五条　企业发生非货币性资产交换，以及将货物、财产、劳务用于捐赠、偿债、赞助、集资、广告、样品、职工福利或者利润分配等用途的，应当视同销售货物、转让财产或者提供劳务，但国务院财政、税务主管部门另有规定的除外。

销售货物收入：《国家税务总局关于确认企业所得税收入若干问题的通知》第一条　除企业所得税法及实施条例另有规定外，企业销售收入的确认，必须遵循权责发生制原则和实质重于形式原则。

（一）企业销售商品同时满足下列条件的，应确认收入的实现：

1. 商品销售合同已经签订，企业已将商品所有权相关的主要风险和报酬转移给购货方；

2. 企业对已售出的商品既没有保留通常与所有权相联系的继续管理权，也没有实施有效控制；

3. 收入的金额能够可靠地计量；

4. 已发生或将发生的销售方的成本能够可靠地核算。

《国家税务总局关于确认企业所得税收入若干问题的通知》第三条、企业以买一赠一等方式组合销售本企业商品的，不属于捐赠，应将总的销售金额按各项商品的公允价值的比例来分摊确认各项的销售收入。

【解读】　会计销售收入的确认条件比《企业所得税法》多一条，即"相关经济利益可能流入企业"。正因为存在着这一条的差异，导致会计和税法在对外捐赠处理上产生差异。对外捐赠，在会计看来，是没有经济的流入，所以在会计中不确认收入；而税法在确认收入时不需要考虑经济利益的流入，只需考虑所有权的改变，所以在所得税中需要确认收入。

四、不征税收入

《中华人民共和国企业所得税法》第七条　收入总额中的下列收入为不征税收入：

（一）财政拨款；

（二）依法收取并纳入财政管理的行政事业性收费、政府性基金；

（三）国务院规定的其他不征税收入。

《中华人民共和国企业所得税法实施条例》第二十六条 《企业所得税法》第七条第（一）项所称财政拨款，是指各级人民政府对纳入预算管理的事业单位、社会团体等组织拨付的财政资金，但国务院和国务院财政、税务主管部门另有规定的除外。

《企业所得税法》第七条第（二）项所称行政事业性收费，是指依照法律法规等有关规定，按照国务院规定程序批准，在实施社会公共管理，以及在向公民、法人或者其他组织提供特定公共服务过程中，向特定对象收取并纳入财政管理的费用。

《企业所得税法》第七条第（二）项所称政府性基金，是指企业依照法律、行政法规等有关规定，代政府收取的具有专项用途的财政资金。

《企业所得税法》第七条第（三）项所称国务院规定的其他不征税收入，是指企业取得的，由国务院财政、税务主管部门规定专项用途并经国务院批准的财政性资金。

《中华人民共和国企业所得税法实施条例》第二十八条 企业的不征税收入用于支出所形成的费用或者财产，不得扣除或者计算对应的折旧、摊销扣除。

五、免税收入

《中华人民共和国企业所得税法》第二十六条 企业的下列收入为免税收入：

（一）国债利息收入；

（二）符合条件的居民企业之间的股息、红利等权益性投资收益；

（三）在中国境内设立机构、场所的非居民企业从居民企业取得与该机构、场所有实际联系的股息、红利等权益性投资收益；

（四）符合条件的非营利组织的收入。

六、所得税税前扣除原则

《企业所得税法》第八条规定："企业实际发生的与取得收入有关的、合理的支出，包括成本、费用、税金、损失和其他支出，准予在计算应纳税所得额时扣除。"

所得税税前扣除的五大原则：真实性原则、相关性原则、合理性原则、税法优先原则以及凭合法凭据扣除原则。

1. 真实性原则

要求企业在企业所得税前扣除的支出是实际发生的。这是企业所得税征税的前提，要求纳税人企业所得税税前扣除成本、费用、税金、损失和其他支出能够提供形式和内容都是真实的凭证。《企业所得税法》以权责发生制为原则，即企业应纳税所得额的计算，以权利和风险的发生来决定收入和费用的归属期，属于当期的收入和费用，不论款项是否收付，均作为当期的收入和费用；不属于当期的收入和费用，即使款项已经在当期收付，均不作为当期的收入和费用。因此真实性原则并不要求纳税人扣除的支出是当期支付的，符合权责发生制即可。

企业的扣除项目一般都是发生当期进行税前扣除，而对于企业发现以前年度实际发生的，按照税收规定应在企业所得税前扣除而未扣除或者少扣除的支出的特殊情况，《国家税务总局关于企业所得税应纳税所得额若干税务处理问题的公告》（国家税务总局公告 2012 年第 15 号）规定，企业需要先作出专项申报及说明，再追补至发生年度扣除，并且追补期限不得超过 5 年。

2. 相关性原则

要求企业在企业所得税税前扣除的是与取得收入有关的支出。对于企业发生的支出在何种条件下构成"与取得收入有关"的支出，企业所得税法并未给出明确的判断标准，可以参照企业所得税改革工作小组所著的《企业所得税法实施条例释义》中的有关解释。其中，规定对相关性的具体判断应当遵循实质征税原则，不能仅以交易形式确定，而应当根据经济行为的目的和实质判断。一般是从支出发生的根源和性质方面进行分析，而不是从费用支出的结果分析。"与取得收入有关的支出"包含两种情形：一种是"能给企业带来现实、实际的经济利益"的支出，如"购买原材料的支出"；另一种是"能给企业带来可预期经济利益"的支出，如"广告费支出"。

3. 合理性原则

按照《企业所得税法实施条例》第二十七条的规定，要求企业在企业所得税前扣除的是符合生产经营活动常规，应当计入当期损益或者有关资产成本的必要和正常的支出。具体判断是否具有合理性，需要在假设企业是经济理性的基础上，根据企业的性质、规模、业务范围等多种因素，加以综合判断。

关于合理性的判断，以《国家税务总局关于企业投资者投资未到位而发生的利息支出企业所得税前扣除问题的批复》（国税函〔2009〕312 号）为例，该规范性文件规定，"关于企业由于投资者投资未到位而发生的利息支出扣除问题，根据《中华人民共和国企业所得税法实施条例》第二十七条规定，凡企业投资者在规定期限内未缴足其应缴资本额的，该企业对外借款所发生的利息，相当于投资者实缴资本额与在规定期限内应缴资本额的差额应计付的利息，其不属于企业合理的支出，应由企业投资者负担，不得在计算企业应纳税所得额时扣除。"企业发生外部借款，但借款中的一部分是为了补足股东未足额出资的部分，这部分借款对于企业来说可能是符合生产经营活动常规的，但是属于不必要和正常的支出，不符合合理性原则，因此国税函〔2009〕312 号规定，这部分借款的利息不允许在税前扣除。

4. 税法优先原则

会计准则和税法分别遵循不同的原则，按税法计算的应纳税所得额与财务会计方法计算的利润总额不一定相同，存在一定的差异，这种差异表现为永久性差异和暂时性差异。《企业所得税法》明确规定，在计算应纳税所得额时，企业财务、会计处理办法与税收法律、行政法规的规定不一致的，应当依照税收法律、行政法规的规定计算。但对《企业所得税法》没有明确规定的，应当遵循会计准则与惯例。

5. 凭合法凭据扣除原则

是指企业应当凭借合法有效的凭据进行企业所得税前扣除。

《企业所得税税前扣除凭证管理办法》第八条　税前扣除凭证按照来源分为内部凭证和外部凭证。

内部凭证是指企业自制用于成本、费用、损失和其他支出核算的会计原始凭证。内部凭证的填制和使用应当符合国家会计法律、法规等相关规定。

外部凭证是指企业发生经营活动和其他事项时，从其他单位、个人取得的用于证明其支出发生的凭证，包括但不限于发票（包括纸质发票和电子发票）、财政票据、完税凭证、收款凭证、分割单等。

《企业所得税税前扣除凭证管理办法》第十四条　企业在补开、换开发票、其他外部凭证过程中，因对方注销、撤销、依法被吊销营业执照、被税务机关认定为非正常户等特殊原因无法补开、换开发票、其他外部凭证的，可凭以下资料证实支出真实性后，其支出允许税前扣除：

（一）无法补开、换开发票、其他外部凭证原因的证明资料（包括工商注销、机构撤销、列入非正常经营户、破产公告等证明资料）；

（二）相关业务活动的合同或者协议；

（三）采用非现金方式支付的付款凭证；

（四）货物运输的证明资料；

（五）货物入库、出库内部凭证；

（六）企业会计核算记录以及其他资料。

前款第一项至第三项为必备资料。

《企业所得税税前扣除凭证管理办法》第十九条　企业租用（包括企业作为单一承租方租用）办公、生产用房等资产发生的水、电、燃气、冷气、暖气、通信线路、有线电视、网络等费用，出租方作为应税项目开具发票的，企业以发票作为税前扣除凭证；出租方采取分摊方式的，企业以出租方开具的其他外部凭证作为税前扣除凭证。

总结：

发票虽然不是企业进行企业所得税前扣除的唯一合法有效凭证，但取得不符合规定的发票会给企业带来一定的税法风险。

《中华人民共和国发票管理办法》　第十九条　销售商品、提供服务以及从事其他经营活动的单位和个人，对外发生经营业务收取款项，收款方应当向付款方开具发票；特殊情况下，由付款方向收款方开具发票。

《中华人民共和国发票管理办法》　第二十条　所有单位和从事生产、经营活动的个人在购买商品、接受服务以及从事其他经营活动支付款项，应当向收款方取得发票。取得发票时，不得要求变更品名和金额。

《中华人民共和国发票管理办法》　第二十一条　不符合规定的发票，不得作为财务报销凭证，任何单位和个人有权拒收。

《国家税务总局关于加强企业所得税管理的意见》规定，加强发票核实工作，不符合规定的发票不得作为税前扣除凭据。特别是在使用金三数据库系统的大背景下，企业应重视发票管理，降低税务风险。

七、扣除范围

《中华人民共和国企业所得税法》规定，企业实际发生的与取得收入有关的、合理的支出，包括成本、费用、税金、损失和其他支出，准予在计算应纳税所得额时扣除。在实际中，计算应纳税所得额时还应注意三方面的内容：

1）企业发生的支出应当区分收益性支出和资本性支出。收益性支出在发生当期直接扣除；资本性支出应当分期扣除或者计入有关资产成本，不得在发生当期直接扣除。

2）企业的不征税收入用于支出所形成的费用或者财产，不得扣除或者计算对应的折旧、摊销扣除。

3）除企业所得税法和相关条例另有规定外，企业实际发生的成本、费用、税金、损失和其他支出，不得重复扣除。

扣除范围见表3-1。

表3-1　扣除范围

成本	是指企业在生产经营活动中发生的销售成本、销货成本、业务支出以及其他耗费，即企业销售商品（产品、材料、下脚料、废料、废旧物资等）的成本、提供劳务的成本、转让固定资产转让的成本、无形资产（包括技术转让）的成本		
费用	是指企业每一个纳税年度为生产、经营商品和提供劳务等所发生的销售（经营）费用、管理费用和财务费用，已经计入成本的有关费用除外		
税金	当期直接扣除	计入税金及附加	消费税、城建税、资源税、土地增值税（房地产企业）、出口关税、教育费附加、地方教育费附加、房产税、城镇土地使用税、车船税、印花税
	分难结转扣除	计入相关资产成本	车辆购置税、契税、进口关税、耕地占用税、不得抵扣的增值税
	不得税前扣除		可以抵扣的增值税、企业所得税
损失	是指企业在生产经营活动中发生的固定资产和存货的盘亏、毁损、报废损失，转让财产损失，呆账损失，坏账损失，自然灾害等不可抗力因素造成的损失以及其他损失		
	企业发生的损失，减除责任人赔偿和保险赔款后的余额，依照国务院财政、税务主管部门的规定扣除，企业已经作为损失处理的资产，在以后纳税年度又全部收回或者部分收回时，应当计入当期收入		
其他支出	是指除成本、费用、税金、损失外，企业在生产经营活动中发生的与生产经营活动有关的、合理的支出		

八、扣除项目及其标准

1. 工资、薪金支出

1）企业发生的合理的工资、薪金支出准予据实扣除。

2）属于国有性质的企业，其工资薪金，不得超过政府有关部门给予的限定数额；超过部分，不得计入企业工资薪金总额，也不得在计算企业应纳税所得额时扣除。

3）企业因雇用季节工、临时工、实习生、返聘离退休人员以及接受外部劳务派遣用工所实际发生的费用，应区分为工资薪金支出和职工福利费支出，并按税法规定在企业所得税前扣除。

【提示】　企业接受外部劳务派遣用工所实际发生的费用，应分为两种情况按规定在税前扣除，如图3-1所示。

4）列入企业员工工资薪金制度、固定与工资薪金一起发放的福利性补贴，可作为企业发生的工资薪金支出，按规定在税前扣除。

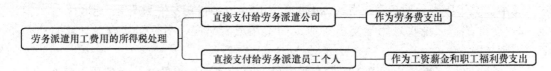

图3-1　企业接受外部劳务派遣用工所实际发生的费用扣除情况

5）企业年度汇算清缴结束前支付汇缴年度工资薪金税前扣除。

2. 职工福利费、工会经费、职工教育经费

职工福利费、工会经费、职工教育经费见表3-2。

表3-2　职工福利费、工会经费、职工教育经费

项目	准予扣除的限度		超过规定比例部分的处理
职工福利费	不超过工资薪金总额14%的部分		不得扣除
工会经费	不超过工资薪金总额2%的部分		不得扣除
职工教育经费	一般企业　不超过工资薪金总额2.5%的部分		准予在以后纳税年度结转扣除
	高新技术企业　不超过工资薪金总额8%的部分		

【提示1】　职工福利费、工会经费、职工教育经费（简称"三费"）按照实发工资薪金总额计算开支限额；作为计算基数的企业工资薪金还要注意是否合理和据实，超过规定标准的职工工资总额不得在企业所得税前扣除，也不能作为计算"三费"的依据。

【提示2】　职工教育经费的超支，属于税法与会计的暂时性差异；职工福利费、工会经费的超支，属于税法和会计的永久性差异。

【提示3】　注册在中国境内、实行查账征收，经认定的高新技术企业发生的职工教育经费支出，不超过工资薪金总额8%的部分，准予在计算企业所得税应纳税所得额时扣除；超过部分，准予在以后年度结转扣除。

【提示4】　软件生产企业发生的职工教育经费中的职工培训费用，可以全额在企业所得税前扣除。

【提示5】　软件生产企业应准确划分职工教育经费中的职工培训费支出，对于不能准确划分的，以及准确划分后职工教育经费中扣除职工培训费的余额，一律按照工资薪金总额2.5%的比例扣除。

【提示6】　职工福利费范围

为职工卫生保健、生活、住房、交通等所发放的各项补贴。

福利部门所发生的设备、设施、人员费用。

3. 社会保险费

1）企业依照国务院有关主管部门或者省级人民政府规定的范围和标准为职工缴纳的五险一金，即基本养老保险费、基本医疗保险费、失业保险费、工伤保险费、生育保险费等基本社会保险费和住房公积金，准予扣除。

2）企业为在本企业任职或受雇的全体员工支付的补充养老保险费、补充医疗保险费，分别在不超过职工工资总额5%标准内的部分，准予扣除。超过部分，不得扣除。

3）企业参加财产保险，按照规定缴纳的保险费，准予扣除。

4）企业依照国家有关规定为特殊工种职工支付的人身安全保险费和符合国务院财政、税务主管部门规定可以扣除的商业保险费准予扣除。

5）企业为投资者或者职工支付的商业保险费，不得扣除。

4. 利息费用

利息费用见表3-3及图3-2。

表3-3　利息费用产生情况

向金融企业借款		非金融企业向金融企业借款的利息支出、金融企业的各项存款利息支出和同业拆借利息支出、企业经批准发行债券的利息支出可据实扣除
向非金融企业借款（包括向自然人借款）	非关联方	非金融企业向非关联方借款的利息支出，不超过按照金融企业同期同类贷款利率计算的数额的部分可据实扣除，超过部分不许扣除
	关联方	① 企业从其关联方接受的债权性投资与权益性投资的比例超过规定标准而发生的利息支出，不得在计算应纳税所得额时扣除 ② 企业从其关联方没有超过债权性投资与权益性投资的比例规定标准而发生的利息支出部分，不超过按照金融企业同期同类贷款利率计算的数额的部分可据实扣除，超过部分不许扣除

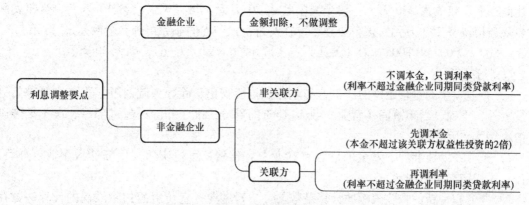

图3-2　利息调整要点

【例题】　某企业2016年度"财务费用"账户中的利息，既含有以年利率8%向银行借入的9个月期的生产周转用资金300万元贷款的借款利息，也包括9.5万元的向非金融企业借入的与银行同期的生产周转用100万元资金的借款利息。该企业2016年度可在计算应纳税所得额时扣除的利息费用是多少？

$300 \times 0.08/12 \times 9 + 100 \times 0.08/12 \times 9 = 24$（万元）

5. 借款费用

1）企业在生产经营活动中发生的合理的不需要资本化的借款费用，准予扣除。

2）企业为购置、建造固定资产、无形资产和经过12个月以上的建造才能达到预定可销售状态的存货发生借款的，在有关资产购置、建造期间发生的合理的借款费用，应予以资本化，作为资本性支出计入有关资产的成本；有关资产交付使用后发生的借款利息，可在发生当期扣除。

3）企业通过发行债券、取得贷款、吸收保户储金等方式融资而发生的合理的费用支出，符合资本化条件的，应计入相关资本成本。不符合资本化条件的，应作为财务费用，准予在企业所得税前据实扣除。

【提示】 注意借款费用资本化和费用化的会计处理和时间点。

6. 业务招待费

1）企业发生的与生产经营活动有关的业务招待费支出，按照发生额的60%扣除，但最高不得超过当年销售（营业）收入的5‰。

2）当年销售（营业）收入作为业务招待费限额的计算基数的收入范围，包括销售货物收入、让渡资产使用权（收取资产租金或使用费）收入、提供劳务收入等主营业务收入、其他业务收入、视同销售收入。但是不含营业外收入、投资收益（从事股权投资业务的企业除外）等。

3）企业在筹建期间，发生的与筹办活动有关的业务招待费支出，可按实际发生额的60%计入企业筹办费，并按有关规定在税前扣除。

【提示1】 业务招待费调整原则为"一个标准，一个限额"，即按照业务招待费发生额的60%，且不超过营业收入的5‰，按照孰低原则，"哪个小扣哪个"。

【提示2】 业务招待费扣除计算基数的营业收入 = 主营业务收入 + 其他业务收入。

【例题】 2016年某生产企业取得产品销售收入5800万元，包装物出租收入200万元，转让商标所有权收入200万元，接受捐赠收入20万元，债务重组收益10万元，当年实际发生业务招待费100万元，该企业当年可在所得税前列支的业务招待费金额是30万元。

$(5800 + 200) \times 0.005 = 30$（万元）与 $100 \times 0.6 = 60$（万元），孰低30万元

7. 广告宣传费

1）企业发生的符合条件的广告费和业务宣传费支出，除国务院财政、税务主管部门另有规定外，不超过当年销售（营业）收入15%的部分，准予扣除；超过部分，准予结转以后纳税年度扣除。

2）企业在筹建期间，发生的广告费和业务宣传费，可按实际发生额计入企业筹办费，并按上述规定在税前扣除。

3）业务招待费的扣除限额的计算基数与广告费和业务宣传费的扣除限额的计算基数存在一定的共性。

4）企业申报扣除的广告费支出应与赞助支出严格区分。企业申报扣除的广告费支出，必须符合下列条件：广告是通过工商部门批准的由专门机构制作的；已实际支付费用，并已取得相应发票；通过一定的媒体传播。

【例题】 2016年某企业实现商品销售收入2000万元，发生现金折扣100万元，接受捐赠收入100万元，转让无形资产所有权收入20万元。该企业当年实际发生业务招待费30万元，广告费240万元，业务宣传费80万元。当年度该企业可税前扣除的业务招待费、广告费、业务宣传费合计310万元。

招待费：收入 $2000 \times 0.005 = 10$（万元），$30 \times 0.6 = 18$（万元），孰低10万元

广告费、业务宣传费：$2000 \times 0.15 = 300$（万元）

业务招待费、广告费、业务宣传费合计：$10 + 300 = 310$（万元）

【例题】 某商贸企业于2014年开始筹建，当年未取得收入，筹办期间发生业务招待费300万元、业务宣传费20万元、广告费200万元。根据企业所得税相关规定，上述支出可

计入企业筹办费并在税前扣除的金额是 400 万元。

$300 \times 0.6 + 220 = 400$（万元）

8. 公益性捐赠支出

公益性捐赠，是指企业通过公益性社会团体或者县级（含县级）以上人民政府及其部门，用于《中华人民共和国公益事业捐赠法》规定的公益事业的捐赠。

1）企业发生的公益性捐赠支出，在年度利润总额 12% 以内的部分，准予在计算应纳税所得额时扣除；超过年度利润总额 12% 的部分，准予结转以后三年内在计算应纳税所得额时扣除。

2）年度利润总额，是指企业依照国家统一会计制度的规定计算的年度会计利润。

【提示】 公益性捐赠支出强调的是通过"第三方"的捐赠。如果纳税人直接对外捐赠，在计算应纳税所得额时需要全额进行纳税调整。

【例题】 2016 年某企业实现主营业务收入 5000 万元、营业外收入 80 万元，与收入配比的成本 4100 万元，全年发生管理费用、销售费用和财务费用共计 700 万元，营业外支出 60 万元（其中符合规定的公益性捐赠支出 50 万元），2015 年度经核定结转的亏损额 30 万元。2016 年度该企业应缴纳企业所得税 53.4 万元。

$\{(5000 + 80 - 4100 - 700 - 60) + [50 - (5000 + 80 - 4100 - 700 - 60) \times 0.12] - 30\} \times 0.25 = 213.6 \times 0.25 = 53.4$（万元）

9. 准予扣除的其他项目

1）如会员费、合理的会议费、差旅费、违约金、诉讼费用等。

2）企业参加财产保险，按照规定缴纳的保险费，准予扣除。

3）租赁费。

① 以经营租赁方式租入固定资产发生的租赁费支出，按照租赁期限均匀扣除。经营性租赁是指所有权不转移的租赁。

② 以融资租赁方式租入固定资产发生的租赁费支出，按照规定构成融资租入固定资产价值的部分应当提取折旧费用，分期扣除。

4）劳动保护费，企业发生的合理的劳动保护支出，准予扣除。

5）企业转让各类固定资产发生的费用，允许扣除。企业按规定计算的固定资产折旧费、无形资产的摊销费，准予扣除。

6）资产损失，企业当期发生的固定资产和流动资产盘亏、毁损净损失，由其提供清查盘存资料，经主管税务机关审核后，准予扣除。

九、不得扣除项目

1）向投资者支付的股息、红利等权益性投资收益款项。

2）企业所得税税款。

3）税收滞纳金，是指纳税人违反税收法规，被税务机关处以的滞纳金。

4）罚金、罚款和被没收财物的损失，是指纳税人违反国家有关法律、法规规定，被有关部门处以的罚款，以及被司法机关处以的罚金和被没收的财物。

5）超过规定标准的捐赠支出。

6）赞助支出，是指企业发生的与生产经营活动无关的各种非广告性质支出。

7）未经核定的准备金支出，是指不符合国务院财政、税务主管部门规定的各项资产减值准备金、风险准备金等准备金支出。

8）企业之间支付的管理费、企业内营业机构之间支付的租金和特许权使用费，以及非银行企业内营业机构之间支付的利息，不得扣除。

9）与取得收入无关的其他支出。

十、弥补亏损

弥补亏损见表3-4。

表3-4　弥补亏损表

补亏原则	1. 税法规定，企业某一纳税年度发生的亏损可以用下一年度的所得弥补，下一年度的所得不足以弥补的，可以逐年延续弥补，但最长不得超过5年 2. 企业在汇总计算缴纳企业所得税时，其境外营业机构的亏损不得抵减境内营业机构的盈利 【归纳总结】五年结转，先亏先补；只许外补内，不许内补外
筹办期间损益处理	1. 企业筹办期间不计算为亏损年度，企业自开始生产经营的年度，为开始计算企业损益的年度 2. 企业从事生产经营之前进行筹办活动期间发生筹办费用支出，不得计算为当期的亏损，企业可以在开始经营之日的当年一次性扣除，也可以按照新税法有关长期待摊费用的处理规定处理，但一经选定，不得改变
税务稽查损益调整	税务机关对企业以前年度纳税情况进行检查时调增的应纳税所得额，凡企业以前年度发生亏损且该亏损属于企业所得税法规定允许弥补的，应允许调增的应纳税所得额弥补该亏损。弥补该亏损后仍有余额的，按照企业所得税法规定计算缴纳企业所得税
以前年度发生应扣未扣支出的税务处理	1. 对企业发现以前年度实际发生的、按照税收规定应在企业所得税前扣除而未扣除或者少扣除的支出，企业做出专项申报及说明后，准予追补至该项目发生年度计算扣除，但追补确认期限不得超过5年 2. 企业由于上述原因多缴的企业所得税款，可以在追补确认年度企业所得税应纳税款中抵扣，不足抵扣的，可以向以后年度递延抵扣或申请退税 3. 亏损企业追补确认以前年度未在企业所得税前扣除的支出，或盈利企业经过追补确认后出现亏损的，应首先调整该项支出所属年度的亏损额，然后再按照弥补亏损的原则计算以后年度多缴的企业所得税款，并按前款规定处理

【案例】　某企业适用所得税税率为25%，执行5年弥补亏损的规定，2009年以前每年均实现盈利，2010—2016年各年度未弥补亏损前的应纳税所得额如表3-5所示：

表3-5　某企业弥补亏损情况表　　　　　　　　　　（单位：万元）

年度	2010年	2011年	2012年	2013年	2014年	2015年	2016年
未弥补亏损前的应纳税所得额	－120	20	－30	25	30	35	50

关于2010年的亏损，要用2011—2015年的所得弥补，2012年的亏损也要占用5年抵亏期的一个抵扣年度，且先亏先补。截止到2015年年底，一共结转弥补2010年的亏损110万元，2010年尚未弥补完的亏损还余10万元，该10万元则不能在2016年的应纳税所得额中弥补，因为超过了5年补亏期。2012年的亏损在2016年里结转弥补，则2016年的应纳税所得额 = 50 - 30 = 20（万元），应纳税额 = 20 × 0.25 = 5（万元）。

十一、资产的税务处理——固定资产

资产的税务处理——固定资产见表3-6。

表3-6 资产的税务处理——固定资产

计税基础	1. 外购的固定资产，以购买价款和支付的相关税费以及直接归属于使该资产达到预定用途发生的其他支出为计税基础 2. 自行建造的固定资产，以竣工结算前发生的支出为计税基础 3. 盘盈的固定资产，以同类固定资产的重置完全价值为计税基础 4. 通过捐赠、投资、非货币性资产交换、债务重组等方式取得的固定资产，以该资产的公允价值和支付的相关税费为计税基础 5. 改建的固定资产，除已足额提取折旧的固定资产和租人的固定资产以外的其他固定资产，以改建过程中发生的改建支出增加计税基础
折旧范围	下列固定资产不得计算折旧扣除： 1. 房屋、建筑物以外未投入使用的固定资产 2. 以经营租赁方式租入的固定资产 3. 以融资租赁方式租出的固定资产 4. 已足额提取折旧仍继续使用的固定资产 5. 与经营活动无关的固定资产 6. 单独估价作为固定资产入账的土地 7. 其他不得计算折旧扣除的固定资产
折旧方法	1. 企业应当自固定资产投入使用月份的次月起计算折旧；停止使用的固定资产，应当自停止使用月份的次月起停止计算折旧 2. 企业应当根据固定资产的性质和使用情况，合理确定固定资产的预计净残值。固定资产的预计净残值一经确定，不得变更 3. 固定资产按照直线法计算的折旧，准予扣除
折旧年限	除国务院财政、税务主管部门另有规定外，固定资产计算折旧的最低年限如下： 1. 房屋、建筑物，为20年 2. 飞机、火车、轮船、机器、机械和其他生产设备，为10年 3. 与生产经营活动有关的器具、工具、家具等，为5年 4. 飞机、火车、轮船以外的运输工具，为4年 5. 电子设备，为3年
折旧的所得税处理	1. 企业固定资产会计折旧年限如果短于税法规定的最低折旧年限，其按会计折旧年限计提的折旧高于按税法规定的最低折旧年限计提的折旧部分，应调增当期应纳税所得额；企业固定资产会计折旧年限已期满且会计折旧已提足，但税法规定的最低折旧年限尚未到期且税收折旧尚未足额扣除，其未足额扣除的部分准予在剩余的税收折旧年限继续按规定扣除 2. 企业固定资产会计折旧年限如果长于税法规定的最低折旧年限，其折旧应按会计折旧年限计算扣除，税法另有规定除外 3. 企业按会计规定提取的固定资产减值准备，不得税前扣除，其折旧仍按税法确定的固定资产计税基础计算扣除 4. 企业按税法规定实行加速折旧的，其按加速折旧办法计算的折旧额可全额在税前扣除

（续）

改扩建	1. 企业对房屋、建筑物固定资产在未足额提取折旧前进行改扩建的，如属于推倒重置的，该资产原值减除提取折旧后的净值，应并入重置后的固定资产计税成本，并在该固定资产投入使用后的次月起，按照税法规定的折旧年限，一并计提折旧 2. 如属于提升功能、增加面积的，该固定资产的改扩建支出，并入该固定资产计税基础，并从改扩建完工投入使用后的次月起，重新按税法规定的该固定资产折旧年限计提折旧，如该改扩建后的固定资产尚可使用的年限低于税法规定的最低年限的，可以按尚可使用的年限计提折旧

十二、资产的税务处理——无形资产

资产的税务处理——无形资产见表3-7。

表3-7　资产的税务处理——无形资产

计税基础	1. 外购的无形资产，以购买价款和支付的相关税费以及直接归属于使该资产达到预定用途发生的其他支出为计税基础 2. 自行开发的无形资产，以开发过程中该资产符合资本化条件后至达到预定用途前发生的支出为计税基础 3. 通过捐赠、投资、非货币性资产交换、债务重组等方式取得的无形资产，以该资产的公允价值和支付的相关税费为计税基础
摊销范围	下列无形资产不得计算摊销费用扣除： 1. 自行开发的支出已在计算应纳税所得额时扣除的无形资产 2. 自创商誉 3. 与经营活动无关的无形资产 4. 其他不得计算摊销费用扣除的无形资产
摊销方法	1. 无形资产的摊销，采取直线法计算 2. 外购商誉的支出，在企业整体转让或者清算时，准予扣除
摊销年限	1. 无形资产的摊销年限不得低于10年 2. 作为投资或者受让的无形资产，有关法律规定或者合同约定了使用年限的，可以按照规定或者约定的使用年限分期摊销

十三、资产的税务处理——长期待摊费用

1. 长期待摊费用

长期待摊费用指企业发生的应在1个年度以上或几个年度进行摊销的费用。在计算应纳税所得额时，企业发生的下列支出作为长期待摊费用，按照规定摊销的，准予扣除：

1）已足额提取折旧的固定资产的改建支出。

2）租入固定资产的改建支出。

3）固定资产的大修理支出。

4）其他应当作为长期待摊费用的支出。

2. 企业的固定资产修理支出可在发生当期直接扣除

企业的固定资产改良支出，如果有关固定资产尚未提足折旧，可增加固定资产价值；如有关固定资产已提足折旧，可作为长期待摊费用，在规定的期间内平均摊销。

3. 《企业所得税法》所指固定资产的大修理支出

指同时符合下列条件的支出：

1）修理支出达到取得固定资产时的计税基础 50% 以上。

2）修理后固定资产的使用年限延长 2 年以上。

4. 其他应当作为长期待摊费用的支出

自支出发生月份的次月起，分期摊销，摊销年限不得低于 3 年。

十四、资产的税务处理——存货

1. 存货的计税基础

1）通过支付现金方式取得的存货，以购买价款和支付的相关税费为成本。

2）通过支付现金以外的方式取得的存货，以该存货的公允价值和支付的相关税费为成本。

2. 存货的成本计算方法

企业使用或者销售的存货的成本计算方法，可以在先进先出法、加权平均法、个别计价法中选用一种。计价方法一经选用，不得随意变更。

4S 店一般整车成本计算方法使用个别计价法。

配件成本计算方法使用加权平均法。

十五、资产损失税前扣除的所得税处理

资产损失税前扣除的所得税处理见表 3-8。

表 3-8　资产损失税前扣除的所得税处理

资产类型	损失扣除
货币性资金	1. 企业清查出的现金短缺减除责任人赔偿后的余额，作为现金损失在计算应纳税所得额时扣除 2. 企业将货币性资金存入法定具有吸收存款职能的机构，因该机构依法破产、清算，或者政府责令停业、关闭等原因，确实不能收回的部分，作为存款损失在计算应纳税所得额时扣除
应收、预付账款	企业除贷款类债权外的应收、预付账款符合相关条件之一的，减除可收回金额后确认的无法收回的应收、预付款项，可以作为坏账损失在计算应纳税所得额时扣除
固定资产或存货	1. 对企业盘亏的固定资产或存货，以该固定资产的账面净值或存货的成本减除责任人赔偿后的余额，作为固定资产或存货盘亏损失在计算应纳税所得额时扣除 2. 对企业毁损、报废的固定资产或存货，以该固定资产的账面净值或存货的成本减除残值、保险赔款和责任人赔偿后的余额，作为固定资产或存货毁损、报废损失在计算应纳税所得额时扣除 3. 对企业被盗的固定资产或存货，以该固定资产的账面净值或存货的成本减除保险赔款和责任人赔偿后的余额，作为固定资产或存货被盗损失在计算应纳税所得额时扣除 4. 企业因存货盘亏、毁损、报废、被盗等原因不得从增值税销项税额中抵扣的进项税额，可以与存货损失一起在计算应纳税所得额时扣除

十六、税收优惠——成本费用部分的加计扣除

税收优惠——成本费用部分的加计扣除见表3-9。

表3-9　税收优惠——成本费用部分的加计扣除

残疾人工资	企业安置残疾人员所支付工资费用的加计扣除，是指企业安置残疾人员的，在按支付给残疾职工工资据实扣除的基础上，按支付给残疾职工工资的100%加计扣除

十七、税收优惠——应纳税所得额部分的税收优惠

税收优惠——应纳税所得额部分的税收优惠见表3-10。

表3-10　税收优惠——应纳税所得额部分的税收优惠

小型微利企业	1. 小型微利企业的认定 2. 从2019年1月起，小型微利企业所得税年应纳所得额100万元以下的部分，实际税率降为5%；100万元至300万元的部分，实际税率降为10% 3. 原增值税额由每月3万元提升到10万元（小规模纳税人） 4. 小规模纳税人地方税种，由省政府决定，在50%幅度内减免
	小型微利企业标准：收、工、资（收：年应税所得不超过30万元；工：工业不超过100人，商业不超过80人；资：资产不超过3000万元，商业：不超过1000万元）

十八、税法规定与会计规定差异的处理

1）企业不能提供完整、准确的收入及成本、费用凭证，不能正确计算应纳税所得额的，由税务机关核定其应纳税所得额。

2）企业依法清算时，以其清算终了后的清算所得为应纳税所得额，按规定缴纳企业所得税。所谓清算所得，是指企业的全部资产可变现价值或者交易价格减除资产净值、清算费用以及相关税费等后的余额。投资方企业从被清算企业分得的剩余资产，其中相当于从被清算企业累计未分配利润和累计盈余公积中应当分得的部分，应当确认为股息所得；剩余资产减除上述股息所得后的余额，超过或者低于投资成本的部分，应当确认为投资资产转让所得或者损失。

3）企业应纳税所得额是根据税收法规计算出来的，它在数额上与依据财务会计制度计算的利润总额往往不一致。因此，税法规定：对企业按照有关财务会计规定计算的利润总额，要按照税法的规定进行必要调整后，才能作为应纳税所得额计算缴纳所得税。

4）自2011年7月1日起，企业当年度实际发生的相关成本、费用，由于各种原因未能及时取得该成本、费用的有效凭证，企业在预缴季度所得税时，可暂按账面发生金额进行核算；但在汇算清缴时，应补充提供该成本、费用的有效凭证。

十九、综合案例分析

业务背景：增值税一般纳税人

某市摩托车生产企业为增值税一般纳税人，2016年生产经营情况如下：

1）当年销售摩托车，取得不含税销售收入8000万元，对应销售成本3200万元。

2）将自产摩托车用于对外投资，该批摩托车不含税市场价 100 万元，成本 40 万元。

3）当年购进原材料取得增值税专用发票，注明价款 3000 万元，增值税 510 万元。

4）2016 年 2 月购入符合规定的安全生产设备，取得普通发票注明金额 50 万元，当月投产。企业将该设备购置支出一次性在成本中列支。已知该设备生产的产品全部在当年销售，相关成本已结转。该企业净残值规定为 10%，设备折旧按简洁规定最低折旧年限计算。

5）当年管理费用 500 万元，其中新品研发 120 万元，业务招待费 80 万元。

6）当年财务费用 200 万元，其中包括支付银行贷款利息 60 万元，逾期罚息 10 万元，向非金融机构（非关联方）贷款 1800 万元的全年利息 130 万元。已知金融企业同期同类贷款年利率为 6%。

7）当年发生销售费用 1300 万元，其中包含广告费 1230 万元。

8）取得国债利息收入 100 万元，地方政府债券利息 80 万元，企业债券利息 120 万元。

9）全年计入成本、费用的工资总额 800 万元（含残疾职工工资 50 万元），实际发生职工福利费 120 万元，职工教育经费 15 万元，工会经费 18 万元。

10）当年发生营业外支出 120 万元，其中税收滞纳金 12 万元，通过人民政府向贫困地区捐款 78 万元。

要求：

1）计算当年该企业的增值税、城建税、教育费附加和地方教育费附加。

2）计算当年的会计利润、当年的企业所得税应纳税所得额、企业所得税税额。

解析：

1）增值税 $= (8000 + 100) \times 0.17 - 510 = 867$（万元），城建税、教育费附加、地方教育费附加 $= 867 \times (0.07 + 0.03 + 0.02) = 104.04$（万元）。

2）企业购进生产设备，应按照规定计算折旧分期扣除，不能一次性在成本中列支。

当年应扣除的折旧 $= 50 \times (1 - 0.1)/10/12 \times 10 = 3.75$（万元），应调增会计利润 $= 50 - 3.75 = 46.25$（万元）。

当年实现会计利润 $= (8000 - 3200) + (100 - 40) + 46.25 - 500 - 200 - 1300 + 100 + 80 + 120 - 120 - 104.04 = 2982.21$（万元）。

3）调整项目。

研发费用加计 50% 扣除，应调减利润 $120 \times 0.5 = 60$（万元）。

业务招待费按发生额的 60% 与当年销售收入的 5‰孰低原则扣除。按业务招待费实际发生额的 60% 扣除 $= 80 \times 0.6 = 48$（万元），按当年销售收入的 5‰扣除 $= (8000 + 100) \times 0.0005 = 40.5$（万元），可列支 40.5 万元，应调增利润 $80 - 40.5 = 39.5$（万元）。

广告费按收入的 15% 扣除 $= (8000 + 100) \times 0.15 = 1215$（万元），实际发生 1230 万元，应调增利润 $= 1230 - 1215 = 15$（万元）。

工资可全额列支，残疾人工资可 100% 加计扣除，应调增 50 万元。

职工福利费列支标准是工资总额的 14% $= 800 \times 0.14 = 112$（万元），实际发生 120 万元，应调增利润 $120 - 112 = 8$（万元）。

职工教育经费列支标准工资总额的 2.5% $= 800 \times 0.025 = 20$（万元），实际发生 15 万，不用调整。

工会经费列支标准工资总额的 2% $= 800 \times 0.02 = 16$（万元），实际发生 18 万元，应调增利润 18 - 16 = 2（万元）。

向非金融机构贷款利息不得超过同类贷款利率，超过部分不得扣除 = 1800 × 0.06 = 108（万元），实际发生 130 万元，应调增利润 130 - 108 = 22（万元）。

取得国债利息、地方政府债券利息免税，应调减利润 100 + 80 = 180（万元）。

企业缴纳滞纳金 12 万元不得税前扣除，应调增利润 12 万元。

公益性捐赠不得超过年会计利润总额的 12%，超过部分递延五年扣除 = 2982.21 × 0.12 = 357.86（万元），实际发生 78 万元，不用调整。

综上所述应纳税所得额 = 2982.21 - 60 + 39.5 + 15 - 50 + 8 + 2 + 22 - 180 + 12 = 2790.71（万元）。

应纳税所得税 = 2790.71 × 0.25 ≈ 697.68（万元）。

第 4 节　个人所得税

一、纳税义务人

个人所得税的纳税义务人，包括中国公民、个体工商业户、个人独资企业、合伙企业投资者、在中国有所得的外籍人员（包括无国籍人员，下同）。上述纳税义务人依据住所和居住时间两个标准，区分为居民和非居民，分别承担不同的纳税义务。

自 2019 年 1 月 1 日起，新政对境外居民纳税人标准做更改，从境内居住满一年（即公历 1 月 1 日起至 12 月 31 日）缩短到累计满 183 天。

【案例】某在我国无住所的外籍人员 2019 年 5 月 3 日来我国工作，2020 年 9 月 30 日结束工作离境，2019 年、2020 年在我国居住天数 243 天、274 天，则该外籍人员是我国的居民纳税人。

二、征税范围

个人所得税征税范围（仅体现部分，与行业相关度比较高的）见表3-11。

表3-11　个人所得税征税范围

工资、薪金所得	1. 工资、薪金所得，是指个人因任职或者受雇而取得的工资、薪金、奖金、年终加薪、劳动分红、津贴、补贴以及与任职或者受雇有关的其他所得 2. 年终加薪、劳动分红不分种类和取得情况，一律按工资、薪金所得征税 3. 根据我国目前个人收入的构成情况，规定对于一些不属于工资、薪金性质的补贴、津贴或者不属于纳税人本人工资、薪金所得项目的收入，不予征税。这些项目包括： ① 独生子女补贴 ② 执行公务员工资制度未纳入基本工资总额的补贴、津贴差额和家属成员的副食品补贴 ③ 托儿补助费 ④ 差旅费津贴、午餐补助 4. 企业职工取得的用于购买企业国有股权的劳动分红，按"工资、薪金所得"项目计征个人所得税

（续）

利息、股息、红利所得	1. 利息、股息、红利所得，是指个人拥有债权、股权而取得的利息、股息、红利所得 2. 除个人独资企业、合伙企业以外的其他企业的个人投资者，以企业资金为本人、家庭成员及其相关人员支付与企业生产经营无关的消费性支出及购买汽车、住房等财产性支出，视为企业对个人投资者的红利分配，依照"利息、股息、红利所得"项目计征个人所得税 【提示】企业属于"个人独资企业、合伙企业"的，上述行为则按"个体工商户生产经营所得"计征个人所得税 3. 纳税年度内个人投资者从其投资企业（个人独资企业、合伙企业除外）借款，在该纳税年度终了后既不归还又未用于企业生产经营的，其未归还的借款可视为企业对个人投资者的红利分配，依照"利息、股息、红利所得"项目计征个人所得税
偶然所得	1. 偶然所得，是指个人得奖、中奖、中彩以及其他偶然性质的所得 2. 个人因参加企业的有奖销售活动而取得的赠品所得，应按"偶然所得"项目计征个人所得税

三、2019 年新政改革应纳税所得分类及税率

2019 年新政改革应纳税所得分类见表 3-12。

表 3-12　2019 年新政改革应纳税所得分类

11 类所得→9 类所得

2011 版·个税法		2018 版·个税法	
收入类别	适用税率	收入类别	适用税率
工资、薪金所得	3%～45% 七级超额累进	综合所得	3%～45% 七级超额累进，居民按年征收 非居民按月或次分项目征收
劳务报酬所得	20%，高收入加成征收		
稿酬所得	20%，减征 30%		
特许权使用费所得	20%		
经营所得	5%～35% 五级超额累进	经营所得	5%～35% 五级超额累进，按年征收
利息股息红利所得	20%	保持不变	
财产租赁所得	20%		
财产转让所得	20%		
偶然所得	20%		

2019 年新政改革应纳税税率见表 3-13。

表 3-13　2019 年新政改革应纳税税率

级数	全月应纳税所得额	税率	速算扣除数
1	不超过 3000 元的	3%	0
2	超过 3000 元至 12000 元的部分	10%	210
3	超过 12000 元至 25000 元的部分	20%	1410
4	超过 25000 元至 35000 元的部分	25%	2660
5	超过 35000 元至 55000 元的部分	30%	4410
6	超过 55000 元至 80000 元的部分	35%	7160
7	超过 80000 元的部分	45%	15160

四、提高扣除标准，扩大扣除范围

1. 计算综合所得时，扣除分类

1）基本费用：标准提高到5000元/月，也就是一年6万元。

2）专项扣除：按规定缴纳的基本养老保险、基本医疗保险、失业保险等社会保险费和住房公积金——"三险一金"。

3）专项附加扣除：子女教育、继续教育、大病医疗、住房贷款利息或者住房租金、赡养老人等支出，具体范围、标准和实施步骤由国务院确定，并报全国人民代表大会常务委员会备案。

4）其他扣除：补充商业险、企业年金。

2. 专项扣除附加种类

（1）子女教育专项附加扣除

政策：《个人所得税专项附加扣除暂行办法》

第五条 纳税人的子女接受学前教育和学历教育的相关支出，按照每个子女每年12000元（每月1000元）的标准定额扣除。

前款所称学前教育包括年满3岁至小学入学前教育。学历教育包括义务教育（小学和初中教育）、高中阶段教育（普通高中、中等职业教育）、高等教育（大学专科、大学本科、硕士研究生、博士研究生教育）。

第六条 受教育子女的父母分别按扣除标准的50%扣除；经父母约定，也可以选择由其中一方按扣除标准的100%扣除。具体扣除方式在一个纳税年度内不得变更。

子女教育专项附加扣除——实务操作

申报时，需提供：

1）卫生健康部门有关出生医学证明信息、独生子女信息。

2）教育部门有关学生学籍信息（包括学历继续教育学生学籍信息）或者在相关部门备案的境外教育机构资质信息。

3）民政部门、外交部门、最高法院有关婚姻登记信息。

4）公安部门有关身份信息、户籍信息、出入境证件信息、出国留学人员信息、公民死亡标识等信息。

【提示】子女教育不要求入学，年满3岁就可以扣除，海外留学也能扣除。

每个子女每年12000元（每月1000元）的标准定额扣除，国家目前放开二孩的大政方针，可以有力减轻二孩家庭的支出负担。

（2）继续教育专项附加扣除

政策：《个人所得税专项附加扣除暂行办法》

第七条 纳税人接受学历继续教育的支出，在学历教育期间按照每年4800元（每月400元）定额扣除。纳税人接受技能人员职业资格继续教育、专业技术人员职业资格继续教育支出，在取得相关证书的年度，按照每年3600元定额扣除。

第八条 个人接受同一学历教育事项，符合本办法规定扣除条件的，该项教育支出可以由其父母按照子女教育支出扣除，也可以由本人按照继续教育支出扣除，但不得同时扣除。

继续教育专项附加扣除实务操作

申报时，需提供：

1）人力资源社会保障等部门有关学历继续教育（职业技能教育）学生学籍信息、职业资格继续教育信息、技术资格继续教育信息。

2）财政部门有关继续教育收费财政票据信息。

3）公安部门有关身份信息、户籍信息、出入境证件信息、出国留学人员信息、公民死亡标识等信息。

【提示】继续教育学费以及报名参加职称考试费用，报名各大网校学习的费用，不得税前扣除，拿到职称后当年可以扣除 3600 元/年。

学历继续教育连续扣除不超过 48 个月，学历继续教育限制在本科以下学历。

（3）大病医疗专项附加扣除

政策：《个人所得税专项附加扣除暂行办法》

第九条　一个纳税年度内，在社会医疗保险管理信息系统记录的（包括医保目录范围内的自付部分和医保目录范围外的自费部分）由个人负担超过 15000 元的医药费用支出部分，为大病医疗支出，可以按照每年 80000 元标准限额据实扣除。大病医疗专项附加扣除由纳税人办理汇算清缴时扣除。

第十条　纳税人发生的大病医疗支出由纳税人本人扣除。

第十一条　纳税人应当留存医疗服务收费相关票据原件（或复印件）。

大病医疗专项附加扣除实务操作

申报时，需提供：

1）医疗保障部门有关个人负担的医药费用信息。

2）公安部门有关身份信息、户籍信息、出入境证件信息、出国留学人员信息、公民死亡标识等信息。

【提示】大病扣除可由本人或配偶扣除，未成年子女大病医疗可由父母扣除。

（4）住房贷款利息专项附加扣除

政策：《个人所得税专项附加扣除暂行办法》

第十二条　纳税人本人或配偶使用商业银行或住房公积金个人住房贷款为本人或其配偶购买住房，发生的首套住房贷款利息支出，在偿还贷款期间（最高上限 240 个月），可以按照每年 12000 元（每月 1000 元）标准定额扣除。非首套住房贷款利息支出，纳税人不得扣除。纳税人只能享受一套首套住房贷款利息扣除。

第十三条　经夫妻双方约定，可以选择由其中一方扣除，具体扣除方式在一个纳税年度内不得变更。

第十四条　纳税人应当留存住房贷款合同、贷款还款支出凭证。

住房贷款利息专项附加扣除实务操作

申报时，需提供：

1）住房城乡建设部门有关房屋租赁信息、住房公积金管理机构有关住房公积金贷款还款支出信息。

2）自然资源部门有关不动产登记信息。

3）人民银行、金融监督管理部门有关住房商业贷款还款支出信息。

4）公安部门有关身份信息、户籍信息、出入境证件信息、出国留学人员信息、公民死亡标识等信息。

【提示】首套房的认定以银行口径为准。

（5）住房租金专项附加扣除

政策：《个人所得税专项附加扣除暂行办法》

第十五条　纳税人本人及配偶在纳税人的主要工作城市没有住房，而在主要工作城市租赁住房发生的租金支出，可以按照以下标准定额扣除：

（一）承租的住房位于直辖市、省会城市、计划单列市以及国务院确定的其他城市，扣除标准为每年18000元（每月1500元）。

（二）承租的住房位于其他城市的，市辖区户籍人口超过100万的，扣除标准为每年13200元（每月1100元）。

（三）承租的住房位于其他城市的，市辖区户籍人口不超过100万（含）的，扣除标准为每年9600元（每月800元）。

第十六条　主要工作城市是指纳税人任职受雇所在城市，无任职受雇单位的，为其经常居住城市。城市范围包括直辖市、计划单列市、副省级城市、地级市（地区、州、盟）全部行政区域范围。

夫妻双方主要工作城市相同的，只能由一方扣除住房租金支出。夫妻双方主要工作城市不相同的，且各自在其主要工作城市都没有住房的，可以分别扣除住房租金支出。

第十七条　住房租金支出由签订租赁住房合同的承租人扣除。

第十八条　纳税人及其配偶不得同时分别享受住房贷款利息专项附加扣除和住房租金专项附加扣除。

第十九条　纳税人应当留存住房租赁合同。

（6）赡养老人专项附加扣除

政策：《个人所得税专项附加扣除暂行办法》

第二十条　纳税人赡养60岁（含）以上父母以及其他法定赡养人的赡养支出，可以按照以下标准定额扣除：

（一）纳税人为独生子女的，按照每年24000元（每月2000元）的标准定额扣除；

（二）纳税人为非独生子女的，应当与其兄弟姐妹分摊每年24000元（每月2000元）的扣除额度，分摊方式包括平均分摊、被赡养人指定分摊或者赡养人约定分摊，具体分摊方式在一个纳税年度内不得变更。采取指定分摊或约定分摊方式的，每一纳税人分摊的扣除额最高不得超过每年12000元（每月1000元），并签订书面分摊协议。指定分摊与约定分摊不一致的，以指定分摊为准。纳税人赡养2个及以上老人的，不按老人人数加倍扣除。

第二十一条　其他法定赡养人是指祖父母、外祖父母的子女已经去世，实际承担对祖父母、外祖父母赡养义务的孙子女、外孙子女。

赡养老人专项附加扣除实务操作

申报时，需提供：

1）卫生健康部门有关出生医学证明信息、独生子女信息。

2）公安部门有关身份信息、户籍信息、出入境证件信息、出国留学人员信息、公民死亡标识等信息。

五、应纳税额的计算

《中华人民共和国个人所得税法》第十一条规定，居民个人取得综合所得，按年计算个人所得税；有扣缴义务人的，由扣缴义务人按月或者按次预扣预缴税款；需要办理汇算清缴的应当在取得所得的次年三月一日至六月三十日内办理汇算清缴。预扣预缴办法由国务院税务主管部门制定。

1. 个税预缴法——累计预扣法计算方法

本期应预扣预缴税额 = （累计预缴应纳税所得额 × 税率 - 速算扣除数） - 已预扣预缴税。

累计预缴应纳税所得额 = 累计收入 - 累计免税收入 - 累计基本减除费用 - 累计专项扣除 - 累计专项附加扣除 - 累计依法确定的其他扣除。

1）累计收入 = 截至当前月份累计支付的工资薪金所得收入额。

2）累计免税收入 = 截至当前月份累计支付的工资薪金所得收入额中依法可以免税的累计收入额。

3）累计基本减除费用 = 5000 元/月 × 当前月份。

4）累计专项扣除 = 截至当前月份累计专项扣除额。

5）累计专项附加扣除 = 截至当前月份累计专项附加扣除额。

6）累计依法确定的其他扣除 = 截至当前月份累计依法确定的其他扣除额。

【案例】 假定某纳税人 2019 年 1 月含税工资收入 14200 元，三险一金共计 1500 元，专项扣除附加为 2000 元，计算其当月应纳个人所得税税额。

1 月应纳税所得额 = 14200 - 5000 - 1500 - 2000 = 5700 （元）（年度应纳税所得额，需换算为月找税率，不能直接用此数字作为月度收入找税率）。

找税率：5700 ÷ 12 = 475 （元），对应税率：3%。

应纳税额 = 5700 × 0.03 = 171 （元）。

【案例】 假定某纳税人 2019 年 2 月含税工资收入 14200 元，三险一金共计 1500 元，专项扣除附加为 2000 元，计算其当月应纳个人所得税税额。

2 月累计应纳税所得额 = 14200 × 2 - （5000 + 1500 + 2000） × 2 = 11400 （元）（年度应纳税所得额，需换算为月找税率，不能直接用此数字作为月度收入找税率）。

找税率：11400 ÷ 12 = 950 （元），对应税率：3%。

2 月累计应纳税额 = 11400 × 0.03 = 342 （元）。

2 月应补缴税额 = 2 月累计应纳税额 - 已预缴税额 = 342 - 171 = 171 （元）。

【案例】 假定某纳税人 2019 年 3 月含税工资收入 14200 元，三险一金共计 1500 元，专项扣除附加为 2000 元，发放季度奖金 10000 元，计算其当月应纳个人所得税税额。

3 月累计应纳税所得额 = 14200 × 3 + 10000 - （5000 + 1500 + 2000） × 3 = 27100 （元）（年度应纳税所得额，需换算为月找税率，不能直接用此数字作为月度收入找税率）。

找税率：27100 ÷ 12 ≈ 2258 （元），对应税率：3%。

3 月累计应纳税额 = 27100 × 0.03 = 813 （元）。

3 月应补缴税额 = 2 月累计应纳税额 - 已预缴税额 = 813 - 171 - 171 = 471 （元）。

以后月份以此类推。

1）对个人取得全年一次性奖金等计算征收个人所得税的方法。

情形一：当月工资 >5000 元。

【案例】某员工 2019 年 1 月 1 日取得 2018 年全年一次性奖金 100000 元。当月取得所属期 2018 年 12 月份的工资薪金收入 10000 元，各项扣除为 2400 元。

找税率：100000÷12≈8333.33（元），税率：10%，扣算扣除数 210 元。

年终奖应扣缴个人所得税 =100000×0.1–210=9790（元）。

情形二：当月工资 <5000 元。

【案例】某员工 2019 年 1 月 1 日取得 2018 年全年一次性奖金 100000 元。当月取得所属期 2018 年 12 月份的工资薪金收入 4000 元，各项扣除为 2400 元。

年终奖需缴个税：100000–（5000–4000）=99000（元）

找税率：99000÷12=8250（元），税率：10%，扣算扣除数 210 元。

年终奖应扣缴个人所得税 =99000×0.1–210=9690（元）。

【提示】年终奖计算个税方式，每年只能使用一次。

2）对个人因解除劳动合同取得经济补偿金的征税方法。

① 企业依照国家有关法律规定宣告破产，企业职工从该破产企业取得的一次性安置费收入，免征个人所得税。

② 个人因与用人单位解除劳动关系而取得的一次性补偿收入（包括用人单位发放的经济补偿金、生活补助费和其他补助费用），其收入在当地上年职工平均工资 3 倍数额以内的部分，免征个人所得税；超过 3 倍数额部分的一次性补偿收入，可视为一次取得数月的工资、薪金收入，允许在一定期限内平均计算。

方法为：以超过 3 倍数额部分的一次性补偿收入，除以个人在本企业的工作年限数（超过 12 年的按 12 年计算），以其商数作为个人的月工资、薪金收入，按照税法规定计算缴纳个人所得税。

③ 个人领取一次性补偿收入时按照国家和地方政府规定的比例实际缴纳的住房公积金、医疗保险费、基本养老保险费、失业保险费，可以在计征其一次性补偿收入的个人所得税时予以扣除。见表 3-14。

表 3-14　解除劳动合同取得经济补偿金的个税计算方法

经济补偿金≤当地上年平均工资 3 倍	免税
经济补偿金 >当地上年平均工资 3 倍	$x = \dfrac{经济补偿金 - 当地上年平均工资 3 倍}{本单位的工作年限数}$ 应纳税额 =［（x–5000）×税率–扣除数］× 本单位的工作年限数； 本企业的工作年限数超过 12 年的按 12 年计算。

2. 利息、股息、红利所得应纳税额

计算公式为

应纳税额 = 每次收入额 × 20%

3. 偶然所得

计算公式为

应纳税额 = 每次收入额 × 20%

企业促销展业赠送礼品个人所得税的规定：

自 2011 年 6 月 9 日起，企业和单位（包括企业、事业单位、社会团体、个人独资企业、合伙企业和个体工商户等，以下简称"企业"）在营销活动中以折扣折让、赠品、抽奖等方式，向个人赠送现金、消费券、物品、服务等（以下简称"礼品"）有关个人所得税的具体规定，见表 3-15。

表 3-15　偶然所得税法解读归属明细表

企业在销售商品（产品）和提供服务过程中向个人赠送礼品，属于下列情形之一的，不征收个人所得税	1. 企业通过价格折扣、折让方式向个人销售商品（产品）和提供服务 2. 企业在向个人销售商品（产品）和提供服务的同时给予赠品，如通信企业对个人购买手机赠话费、入网费，或者预存话费赠手机等 3. 企业对累计消费达到一定额度的个人按消费积分反馈礼品
企业向个人赠送礼品，属于下列情形之一的，取得该项所得的个人应依法缴纳个人所得税，税款由赠送礼品的企业代扣代缴	1. 企业在业务宣传、广告等活动中，随机向本单位以外的个人赠送礼品，对个人取得的礼品所得，按照"其他所得"项目，全额适用的税率缴纳个人所得税 2. 企业在年会、座谈会、庆典以及其他活动中向本单位以外的个人赠送礼品，对个人取得的礼品所得，按照"其他所得"项目，全额适用 20% 的税率缴纳个人所得税 3. 企业对累计消费达到一定额度的顾客，给予额外抽奖机会，个人的获奖所得，按照"偶然所得"项目，全额适用 20% 的税率缴纳个人所得税 【提示】企业赠送的礼品是自产产品（服务）的，按该产品（服务）的市场销售价格确定个人的应税所得；是外购商品（服务）的，按该商品（服务）的实际购置价格确定个人的应税所得

第 5 节　房　产　税

一、纳税义务人

房产税是以房屋为征税对象，按照房屋的计税余值或租金收入，向产权所有人征收的一种财产税。房产税以在征税范围内的房屋产权所有人为纳税人。其中：

1）产权属国家所有的，由经营管理单位纳税；产权属集体和个人所有的，由集体单位和个人纳税。

2）产权出典的，由承典人纳税。

3）产权所有人、承典人不在房屋所在地的，或者产权未确定及租典纠纷未解决的，由房产代管人或者使用人纳税。

4）纳税单位和个人无租使用房产管理部门、免税单位及纳税单位的房产，应由使用人代为缴纳房产税。

二、征税范围

1）房产税以房产为征税对象。所谓房产，是指有屋面和围护结构（有墙或两边有柱），能够遮风避雨，可供人们在其中生产、学习、工作、娱乐、居住或储藏物资的场所。

2）房地产开发企业建造的商品房，在出售前，不征收房产税；但对出售前房地产开发企业已使用或出租、出借的商品房应按规定征收房产税。

3）房产税的征税范围为城市、县城、建制镇和工矿区，房产税的征税范围不包括农村。

【提示】房产税征税对象要注意房产的结构、用途和地域范围。

三、税率、计税依据和应纳税额的计算

1. 税率

我国现行房产税采用的是比例税率。

1）按房产原值一次减除 10% ~30% 后的余值计征的，税率为 1.2%。

2）按房产出租的租金收入计征的，税率为 12%。

3）从 2008 年 3 月 1 日起，对个人出租住房，不区分用途，按 4% 的税率征收房产税。

2. 计税依据

房产税的计税依据是房产的计税价值或房产的租金收入。按照房产计税价值征税的，称为从价计征；按照房产租金收入计征的，称为从租计征。

1）从价计征。

从价计征是按房产的原值减除一定比例后的余值计征，其计算公式为

应纳税额 = 应税房产原值 × (1 - 扣除比例) × 0.012

2）从租计征。

从租计征是按房产的租金收入计征，其计算公式为

应纳税额 = 不含税租金收入 × 0.12（或 0.04）

① 对出租房产，租赁双方签订的租赁合同约定有免收租金期限的，免收租金期间由产权所有人按照房产原值缴纳房产税。

② 出租的地下建筑物，按照出租地上房屋建筑物的有关规定计算征收房产税。

第6节　土地使用税

一、纳税义务人

1）城镇土地使用税是以国有土地为征税对象，对拥有土地使用权的单位和个人征收的一种税。

2）在城市、县城、建制镇、工矿区范围内使用土地的单位和个人，为城镇土地使用税的纳税人。所称单位，包括国有企业、集体企业、私营企业、股份制企业、外商投资企业、外国企业以及其他企业和事业单位、社会团体、国家机关、军队以及其他单位；所称个人，包括个体工商户以及其他个人。

二、征税范围

1）城镇土地使用税的征税范围，包括在城市、县城、建制镇和工矿区内的国家所有和集体所有的土地。

2）建立在城市、县城、建制镇和工矿区以外的工矿企业不需缴纳城镇土地使用税。

三、税率

城镇土地使用税采用定额税率，即采用有幅度的差别税额，按大、中、小城市和县城、建制镇、工矿区分别规定每平方米土地使用税年应纳税额。具体标准如下：

1）大城市 1.5 ~ 30 元（可以跟税务局商量）。

2）中等城市 1.2 ~ 24 元（可以跟税务局商量）。

3）小城市 0.9 ~ 18 元（可以跟税务局商量）。

4）县城、建制镇、工矿区 0.6 ~ 12 元（可以跟税务局商量）。

【提示】经济特区、经济技术开发区和经济发达、人均耕地特别少的地区，耕地占用税适用税额可以适当提高，但最多不得超过上述规定税额的 50%。

四、计税依据

1. 城镇土地使用税以纳税人实际占用的土地面积为计税依据

土地面积计量标准为每平方米，即税务机关根据纳税人实际占用的土地面积，按照规定的税额计算应纳税额，向纳税人征收土地使用税。

2. 纳税人实际占用的土地面积按下列办法确定

1）由省、自治区、直辖市人民政府确定的单位组织测定土地面积的，以测定的面积为准。

2）尚未组织测量，但纳税人持有政府部门核发的土地使用证书的，以证书确认的土地面积为准。

3）尚未核发土地使用证书的，应由纳税人申报土地面积，据以纳税，待核发土地使用证以后再作调整。

3. 应纳税额的计算方法

全年应纳税额 = 实际占用应税土地面积（m^2）× 适用税额

第7节 印 花 税

一、纳税义务人

印花税的纳税义务人，是在中国境内设立、使用、领受印花税法所列举的凭证并应依法履行纳税义务的单位和个人。

上述单位和个人，按照设立、使用、领受应税凭证的不同，可以分别确定为立合同人、立据人、立账簿人、领受人、使用人和各类电子应税凭证的签订人。

二、税目

税目见表3-16。

表 3-16 印花税目

购销合同	包括供应、预购、采购、购销结合及协作、调剂、补位、贸易等合同
加工承揽合同	包括加工、定做、修缮、修理、印刷、广告、测绘、测试等合同
借款合同	1. 银行及其他金融组织与借款人（不包括银行同业拆借）所签订的合同，以及只填开借据并作为合同使用、取得银行借款的借据 2. 融资租赁合同（含融资性售后回租）也属于借款合同。在融资性售后回租业务中，对承租人、出租人因出售租赁资产及购回租赁资产所签订的合同，不征收印花税
财产保险合同	1. 包括财产、责任、保证、信用保险合同，以及作为合同使用的单据。财产保险合同分为企业财产保险、机动车辆保险、货物运输保险、家庭财产保险和农牧业保险五大类 2. "家庭财产两全保险"属于家庭财产保险性质，其合同在财产保险合同之列，应照章纳税 【提示】该税目仅限财产保险合同，不包括人寿保险、医疗保险等其他保险合同
营业账簿	1. 指单位或者个人记载生产经营活动的财务会计核算账簿。营业账簿按其反映内容的不同，可分为记载资金的账簿和其他账簿 2. 记载资金的账簿，是指反映生产经营单位资本金数额增减变化的账簿。其他账簿，是指除上述账簿以外的有关其他生产经营活动内容的账簿，包括日记账簿和各明细分类账簿 3. 凡银行用以反映资金存贷经营活动、记载经营资金增减变化、核算经营成果的账簿，如各种日记账、明细账和总账都属于营业账簿，应按照规定缴纳印花税 4. 银行根据业务管理需要设置的各种登记簿，如空白重要凭证登记簿、有价单证登记簿、现金收付登记簿等，其记载的内容与资金活动无关，仅用于内部备查，属于非营业账簿，均不征收印花税
权利、许可证照	包括政府部门发给的房屋产权证、工商营业执照、商标注册证、专利证、土地使用证

三、税率

税率见表 3-17。

表 3-17 印花税税率

购销合同	按购销金额 0.3‰
加工承揽合同	按加工或承揽收入 0.5‰
借款合同	按借款金额 0.05‰
财产保险合同	按收取保险费 1‰
营业账簿	按实收资本和资本公积的合计金额 0.5‰减半，其他账簿免征；《财政部、税务总局关于对营业账簿减免印花税的通知》自 2018 年 5 月 1 日起，对按万分之五税率贴花的资金账簿减半征收印花税，对按件贴花 5 元的其他账簿免征印花税
权利、许可证照	按件 5 元

四、特殊规定

1）上述凭证以金额、收入、费用作为计税依据的，应当全额计税，不得做任何扣除。

2）同一凭证记载两个或两个以上不同税率经济事项的，分别记载金额的，应分别计算税额加总贴花；未分别记载金额的，按税率高的计税贴花；

3）应纳税额不足 1 角的免纳印花税；1 角以上的分位四舍五入。

4）签订时无法确定金额的合同先定额贴花 5 元，待结算实际金额时补贴印花税票。

5）订立合同不论是否兑现均应依合同金额贴花。

6）商品购销中以货易货，交易双方既购又销，均应按其购、销合计金额贴花。

7）印花税税收优惠，《关于对营业账簿减免印花税的通知》（财税〔2018〕50 号）相关规定，自 2018 年 5 月 1 日起，对按万分之五税率贴花的资金账簿减半征收印花税，对按件贴花 5 元的其他账簿免征印花税。

第 8 节　钱的那些事

提到财务，我们首先就会想到一定和钱有关系，下面我们就来看看钱的那些事，首先看一下图 3-3。

"驭（育）财之道"，大家有注意到，这里的驭（育）是有两个，那大家先通过这个字面，来了解这两个驭（育）财分别是什么意思？

驭，驾驭的驭，就是管控钱的意思。育，养育的育，就是钱生钱的意思。作为财务人员来讲要怎样管控和钱生钱呢？首先，得了解钱的来龙去脉，如图 3-4 所示。

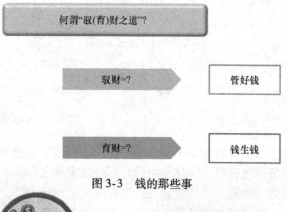

图 3-3　钱的那些事

图 3-4　钱的来龙去脉

请看图 3-4 中四个点：1）钱从哪儿来？2）钱到哪儿去？3）赚了多少钱？4）赚的钱去哪儿？在做辅导的时候，经常有投资人问我，在看财务报表的时候，账上一直有盈利，但是从没见过钱，反而是投资人不断地在投钱。

这个现象估计大多 4S 店都存在，这个问题等后面在讲资金运作的时候就会讲到，要先记下这四点，后面要把这四点套到我们的运作当中去。

钱是财务工作中最重要的内容，那管钱的人也就尤为重要了。先考虑一个问题，投资人希望财务在什么时候告诉自己某个项目盈亏情况（尤其是亏损的时候）？显而易见是提前告知。

看下面两个手分别代表两种情况，先看右手的理想状态，如图3-5所示帮企业管好钱，理好财，钱生钱。怎么理解，假如卖一辆车，财务在从进车的时候就开始筹划，车的融资方式、产生的融资利息、返利情况、盈亏平衡点是多少，出售以后怎么还款，这都是财务在事先就要计划好的。但是现实中是什么样的呢？如图3-5所示。

图3-5　两种财务类型

再来看看左手的现实状态，目前财务在企业的主要工作就是收钱、付钱、做账。所有的事情都是在销售工作结束后，财务才开始工作。对于目前的现状，想想看店内的主流是不是销售定价格，合同定盈亏，会计结账"马后炮"。

前面讲到了盈亏平衡点，下面来看一下盈亏平衡点的概念及计算。

什么是盈亏平衡点？如图3-6所示。

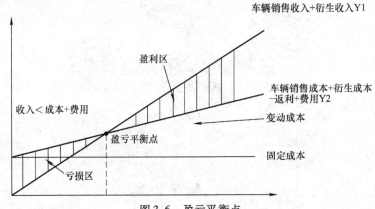

图3-6　盈亏平衡点

盈亏平衡点又称零利润点、保本点、盈亏临界点。

公式：收入－成本－费用＝利润，假设利润等于0，则收入＝成本＋费用

以盈亏平衡点为界限，当销售收入高于盈亏平衡点时，企业盈利；反之，企业就亏损。

盈亏平衡点可以用销售量来表示，即盈亏平衡点的销售量；也可以用销售额来表示，即盈亏平衡点的销售额。

1. 盈亏平衡点——整车销售

影响盈亏平衡点的因素有：固定成本、变动成本、收入。

1）固定成本主要为展厅场地租金、展厅设施成本、展厅办公设备折旧、销售人员工资、水电费。

固定成本是每天必须支出的费用，基本变化不大。

2）变动成本主要为整车成本、返利、衍生成本、销售人员提成、税金、办公费等日常开支。

变动成本与销售的每辆车都有直接关系，变动成本与收入交接的点就是盈利平衡点，点之上是盈利，点之下是亏损。

3）收入。由于前面两个数值相对恒定，所以在日常经营过程中我们总是在不断地追求收入最大化以及变动成本的最小化。

延伸到日常经营的体现形式就是：增加精品加装率、按揭覆盖率、新保投保率，整车销售市场局面不太好，市场行情基本为裸车负毛利，且缺口返利已经无法覆盖，那么提升利润的主要途径来自衍生收入。精品加装率、按揭覆盖率、新保投保率都是常见的提升衍生业务水平的KPI指标，应注重这些指标变化，提供给业务部门做相应的业务方案提升业绩。

举个例子：

某4S店A系车辆，当月销售计划50辆，固定成本8万元，整车单位成本11万元，返利0.5万元，当月A系车利润目标50万元，求单车最低销售价格是多少？

解：

根据盈亏平衡点公式：

收入 = 成本 + 利润 = 固定成本 + 变动成本 + 利润

同时，收入 = 销售量 × 销售单价，变动成本 = 单位变动成本 × 销售量

销售量 =（固定成本 + 利润）/（单位销售收入 − 单位变动成本）

最终该案例演变公式为

销售单价 =（固定成本 + 利润）/数量 + 单位变动成本

计算过程为：

单车销售价格 =（8 + 50）/50 +（11 − 0.5）= 11.66（万元）

也就是说，在当月销售计划50辆时，每辆A系车平均最低销售价格为11.66万元时，可保证当月50万元利润，低于平均销售价格时，则无法完成当月利润目标。

2. 盈亏平衡点——售后维修

售后盈亏平衡分析是研究4S店售后投产后，在正常运营年份中的产值、成本、利润三者之间的平衡关系，以盈亏平衡时的状况为基础，测算售后的生产负荷及承受风险的能力。

影响盈亏平衡点的因素有固定成本、变动成本、产值。

1）固定成本主要为场地租金、设备成本、设备折旧、人员工资、公关费、水电费。

固定成本是每天必须支出的费用，基本变化不大。

2）变动成本主要为提成、备件款、辅料、税金、广宣费、办公费、劳保费等日常运营费用。

变动成本与维修的每辆车都有直接关系，变动成本与产值交接的点就是盈利平衡点，点之上是盈利，点之下是亏损。

3）收入。由于前面两个数值相对恒定，所以在日常经营过程中我们总是在不断地追求产值更大化以及变动成本的最小化。

举个例子：

某4S店每月固定成本30万元，单车产值1000元，单辆备件成本650元，单辆其他变动成本50元，本月利润任务10万元，求进厂辆次为多少？

解：

根据盈亏平衡点公式：

收入＝成本＋利润＝固定成本＋变动成本＋利润

同时，收入＝进厂辆次×单车产值，变动成本＝单位变动成本×进厂辆次

进厂辆次＝（固定成本＋利润)/(单车产值－单位变动成本）

最终该案例使用公式为

进厂辆次 ＝（固定成本＋利润)/(单车产值－单车变动成本）

计算过程为：

进厂辆次＝(300000＋100000)/((1000－650－50))＝1333(辆次)

也就是说，在当月单车产值保证1000元时，进厂辆次为1333辆次时，可保证当月10万元利润，低于平均进厂辆次时，则无法完成当月利润目标。

鉴于店内的现实都是趋于现实状态，那就来看看需要怎么改善，目前财务人员没有做好事先的资金管控及业务流管控。想要改善就要从财务人员的思维上改变，目前的财务人员是传统的账房先生式的思维，可以称为事后财务行为，但是因为管理的需要，财务人员必须走到业务前端来，用数据掌控企业的运营情况，那就需要具备财务思维。财务思维有两种。

1）结果导向型。举个例子，一家汽车经销商店要在一年内取得2000万元利润。管理层在接到这项任务的时候，可以跟财务开会沟通一下，先将2000万元的利润分解，分别分到整车销售、售后服务、衍生收入。这里来说一下整车销售，其他两项可以自己试着演算一下，想要有整车销售利润，就要保证整车销售收入、票面毛利率和返利；想要完成整车销售收入任务，就得保证有订单成交率、订单转化率；想要有订单成交率就要集客数量，老客户转介绍成交量、试乘试驾数量、战败客户数量分析等这些细微方面的指标。上面这个例子是以2000万元利润作为导向，然后来推演出业务怎么进行。

2）整体思维型。举个例子，如果有2000万元资金，要怎么用才能实现利润最大化。拿到钱要先做一个分配，整车采购、配件采购、费用开支、投资行为，还是以整车作为例子，整车采购，要怎么采购才能让企业挣更多的钱。

① 要看采购车辆是否为订单车。

② 根据采购车辆类型不同、确定融资方式、利息的选择。

③ 计划该车辆运营周期内盈亏平衡金额。

④ 与销售部配合制定出合理的销售价格，车辆实现销售后，资金回笼再次周转或偿还贷款。

这个例子就是从资金的角度出发，然后提前做好计划，根据实际微调，实际企业利润的思维方式。

"闻道有先后，术业有专攻"，财务思维可以帮企业财务人员领悟驭财之道，那么资金控管和税收筹划则开启企业财务人员的财收之路。

资金方面，目前受大环境影响，汽车行业比较低迷，行业数据平均库存周转率2.5左右，意味着采购一辆车进来，需要两个半月才能实现销售，资金压力非常大。加之目前央行

银根紧缩，贷款收紧，经销商店的资金问题关系存亡。税收筹划方面，"金三系统"向"金五系统"升级，如果某些经销商店在经营方面，存在很明显的偷漏税行为，现在还不更正过来，以后被查到，罚款事小，法人、财务负责人上黑名单，限制人身自由才是关键。

第9节 资金管控

一、资金管控的内容

分三个部分：资金运作、管控过程中的问题和针对问题做出的优化策略。

（1）资金运作

图3-7诠释了前面讲的钱的四个问题，钱从哪儿来，钱到哪儿去，赚了多少钱，赚的钱去哪儿了。

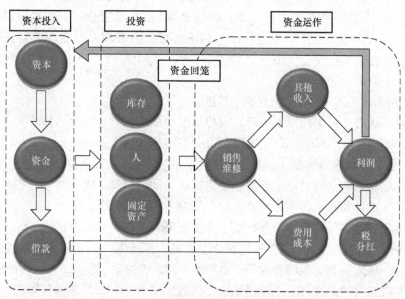

图3-7 资金运作

逐个来看，资金投入，各位来想想看资金来源都有哪些？股本投入、融资，这就是钱从哪儿来。有了钱之后是不是就要开始建店，招人，采购整车、配件、设备，这就是钱到哪儿去。有了店、设备、人，开始销售车辆、维修车辆，从而产生了销售收入和维修收入以及其他衍生收入，有收入的同时会有成本费用的增加，那剩下的就是经销商的利润，这就是赚了多少钱。有了利润要先给国家上缴税款，给股东分红，剩下的钱去哪儿了？又回到最初的运营当中，这就是赚的钱去哪儿了。

（2）管控过程中的问题

了解整个运作的过程，可以准确判断出来运作状态是理想状态还是现实状态，如图3-8所示。

先看左边的理想状态，那就是收入大于支出，想要收入大于支出就要解决库存的问题，

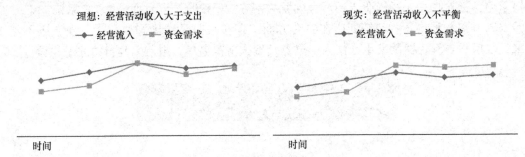

图 3-8　两种经营活动收支情况

库存需要控制在 1.2～1.5，否则资金就会陷入紧张的状态。万一中间一个环节出现问题，马上就会出现资金链断裂的风险。这个是理想状态，但是大多数的经销商店都不是这样的，而是右边的现实状态，随着时间的推移，钱跟不上节奏。下面就来找一找钱跟不上节奏的原因：

造成 4S 店资金管理出现问题的原因大致分为外因和内因两方面。外因来自各品牌厂家销售政策不同给 4S 店经销商带来的影响；内因是 4S 店自身管理不到位造成的，很多店的管理者认为：资金管理是财务部考虑的事，和销售部、服务部、行政部等其他部门关系不大，这一观点恰恰是导致资金出现问题的内部根源。综上所述，4S 店的资金管理出现问题主要体现在 4 个方面：

1）厂家销售政策与 4S 店销售规模不匹配。

销售数量不提升，厂家配车不下降，很容易形成压库，导致资金周转不灵。

2）4S 店库存管理不科学，合理的库存资金占用测算不准确。

汽车 4S 店库存管理效率低下问题普遍存在。销售部门、服务部门在制定车辆和配件、精品等采购计划时未充分研判市场环境、销售辆次、周转时间、库存数量、型号品种、维修时间等因素，导致计划数据与实际相差太大，资金成本居高不下。

3）4S 店获取利润渠道单一，自有资金积累不足。

4S 店获得利润的主要途径有整车销售价差收益、厂家整车返利收益、服务维修保养收益、装潢收益、保险返利、金融收益等。由于目前 4S 店的竞争激烈，单车销售形成的价差收益越来越有限，有的品牌甚至是进销倒挂，仅靠厂家返利弥补单车销售形成的亏损，加之售后服务进场辆次低，整体获利能力差，难以形成自有资金积累，给 4S 店资金周转形成阻力。

4）经销商店发展步伐太快，急速扩张，前期投入大，回报周期长是资金紧张的主要原因。

以上是大多数 4S 店资金紧张的主要原因，那怎么解决呢？

（3）针对问题做出的优化策略

1）充分了解 4S 店在市场中畅销车型与滞销车型的销售情况，研判市场购买需求，向厂家提报符合本店销售情况的车型，与生产厂家及时沟通争取合理配额，降低整车库存资金占用。

2）科学测算 4S 店资金需求量，设定合理的资金周转率，并依此制定销售计划分解落实，严格管控实施过程，确保销售计划落实到位。在对 4S 店资金需求进行测算的过程中，业务部门应该客观地分析本店的市场销售、年度及月度车辆配置、维修收益、零配件采购销售、保险辆次及收益、新车装潢收益、管理开支、市场支出等因素,全面详细测算资金需求量及合理周转率,并在各环节层层把控,提高资金使用效率。

3)因行业特点的限制,很多4S店的获利渠道难有较大突破,有些4S店已经在尝试一些汽车衍生服务业务。行家认为:销量看销售,利润看衍生,结果看售后。其实,大家对汽车衍生服务并不陌生,二手车置换、个性化的金融产品、异业联盟的开展等都成了4S店拓展盈利的渠道。汽车消费市场同其他服务行业一样,谁为客户提供了更优质的服务谁就抓住了市场,谁抓住了市场谁就能获利。

二、日常资金管控所需表格以及逻辑关系

1. 资金缺口测算

某经销商截止2018年5月31日资金缺口测算见表3-18。

表3-18　资金缺口测算　　　　　　　　　　　　　　　　（单位:元）

资金来源合计:	13000	资金占用合计	13643
一、自有资金	3000	一、长期资产占用	5304
注册资本	3000	二、存货占用	4152
二、外部融资	10000	三、亏损占用	1026
A银行合格证质押贷款	3000	四、应收返利	591
B银行合格证质押贷款	4000	五、货币资金占用	2570
控股股东借款	1650	受限制资金	1027
非控股股东借款	1350	可使用资金	1543

资金来源 – 资金占用 = 资金缺口

2. 应押未押缺口测算

应押未押缺口测算见表3-19。

表3-19　应押未押缺口测算

	银行1贷款余额	
已使用额度	银行2贷款余额	
	已用额度合计	
	银行1赎证户余额	
赎证户余额	银行2赎证户余额	
	余额合计	
	银行1质押合格证金额	
已押车辆合格证金额	银行2质押合格证金额	
	押证金额合计	
	银行1应押未押证金额（A）	
风险敞口	银行2应押未押证金额（B）	
	风险敞口合计	

逻辑关系:已使用贷款 = 赎证户余额 + 已给银行质押车辆金额

出现情形一:已使用贷款 > 赎证户余额 + 已给银行质押车辆金额,说明少押证（除月底付款采车,车辆未到店以外）。

出现情形二:已使用贷款 < 赎证户余额 + 已给银行质押车辆金额,说明多押证。

第4章 Chapter 4
做个高情商财务人

第1节　财务人员与业务人员的有效沟通

市场营销部门和财务部门是一个企业及整个集团的左膀右臂，均是现代企业的重要部门，是相互依存、相互发展的部门。但两个部门有时会因为业务和预算等产生决策冲突，解决两个部门的矛盾，使它们友好协调、均衡发展，成为企业的首要问题。

财务部门通常不懂业务，不知道业务部门需要什么；业务人员也往往不懂财务，不知道财务能给他提供什么。甚至有业务部门说，这件事财务不配合，做不了；财务部门则说，业务部门没提出来，不知道它们需要什么，类似状况曾经一度造成企业业务部门和财务部门的矛盾激化，从而使它们认识到了沟通的重要性。对商业企业来说，保持合理、均衡的现金流非常重要。如果财务部门将制定的现金流量计划告诉业务部门，让它们知道现金的流转情况，业务部门在进货和结算时就会掌握一个节奏，一批货可以分几次进，虽然手续上麻烦一点，但可以保持现金流的稳定和均衡。

一、市场营销和财务管理部门在企业中的地位

市场营销部门是为了实现企业的市场营销目标，保证市场营销计划执行的一种手段，也是企业实现其营销目标的核心职能部门。在企业营销组织机构中，市场营销部作为决策层直接领导下的智囊机构，企业决策者头脑中的参谋部，可以促进经营观念的转变，较好地适应市场竞争环境的变化，提高企业竞争力；可以更好地做好市场调研工作，有助于企业的创新，有利于企业提高经营组合运用的能力。市场营销部门存在的核心价值是从消费者到企业决策者建立一套顺畅的信息系统，并保证其正常、准确运行。

在相当数量的企业里，人们对市场营销的重要性是有争议的，认为企业的所有职能都均衡地影响着企业战略的成功和消费者的满意程度，没有哪一种职能处于领先位置。但是，当企业销售情况不景气、销售量下降时，市场营销部门的重要性会略微上升。一些市场营销人员宣称市场营销应是企业的中心职能，规定着企业的任务、产品和其他部门的职能。明智的市场营销人员则把顾客放在企业各项职能环绕的中心，认为企业的全部职能都应该围绕使顾客满意这个宗旨。

财务管理是企业为了达到预期的目的，对于生产管理过程中所需资金的筹集、投放、运用、分配，以及贯穿于全过程的决策谋划、预算控制、分析考核等进行的全面管理。财务管理部门在企业中的地位：

1）财务管理是基于企业再生产过程中客观存在的财务活动和财务关系而产生的，是企业组织财务活动，处理与各方面财务关系的一项经济管理工作。

2）通过资金运动和价值形态的管理，像血液一样渗透贯通到企业的生产、经营等一切管理领域。在业务人员的眼中，财务部门到底是一个什么形象呢？办事呆板，缺少灵活性；只会说"不"，不会说"是"；缺乏服务意识，只图自己方便，不顾业务部门的需求；事难办，脸难看，事情是不是办，办不办得成，要看财务人员高兴不高兴。这些是不少业务人员对财务部门的抱怨。在很多财务人员的眼中，会计准则、财务制度、税收法规等都是天条，是不能违反的；他们只知道这么做不行，却不知道或者不去想怎么做既不违反制度、法规，又能使业务活动正常开展；甚至有的财务人员认为，反正领导也不懂，我说不行就不行，你要说行，将来出了问题你负责。实际上，财务人员是可以往前走一步的。其实，做财务的都知道，这里并不是铁板一块，是有运作余地的，这也是财务部门应该做的。

表面上看，"语言"不通、财务人员缺乏服务意识，是财务部门和业务部门的工作性质不同所导致的；实际上，其深层次原因是财务部门的定位问题。

定位不对，沟通就做不好。你就没想去了解业务，怎么能听懂人家在说什么？以前，在一般人的印象中，财务部门的工作就是记账、报销、出报表、报税。在学校学的也都是这些东西，这一块大家做得也好。做得都不好的是管理会计这一块，就是怎么样对内提供增值服务。

要解决业务部门和财务部门的沟通问题，就要从改变财务部门的定位开始，要把财务部门变成企业价值的管理者，变成业务部门的合作伙伴。随着市场竞争的加剧，迫于竞争的压力，一些有先见之明的企业管理者已经意识到了这一点，他们开始要求财务部门不能只是记账，还要做财务分析、预算、内控，要帮助业务部门赚钱。

现在，4S店经常做促销活动，购物送礼品也是促销的一种方式。如果财务部门对4S店的业务一点都不懂，就会说："你买礼品就是费用，我只能走费用。"而作为企业，每个月的营业费用是有额度控制的，如果这个月的营业费用花完了，财务可能就会说："不行，你的费用花完了，这个月做不了。"然而，就企业整体利益而言，如果花10元钱能带来100元钱的收益，难道明摆着有利润不去做吗？这个时候，如果财务部门对企业的业务流程很熟悉，就会想到虽然费用花完了，但企业毛利水平很高，走成本也是可以的；结果只是体现为毛利水平的下降，最后算总账，利润是一样的。通过加强内部沟通，实实在在地感觉到了财务部门参与到业务全过程中，对企业经营的推动作用。

二、市场营销和财务管理部门之间的矛盾

市场营销往往需要灵活的头脑和先进的市场意识及各种灵活的公关技巧，有时会增大风险。财务人员需要的是严谨的态度和作风，有时会因为过于保守而失去市场机遇。为了使两者都不因为自己的缺点造成损失，扬长避短，财务应为营销提供决策依据，营销为财务提供及时的市场信息，使两者紧随市场，把风险降到最低，使财务成果达到最佳，这样更有利于企业的发展。市场营销部门与财务部门的矛盾可以说，市场经济越完善，越需要现代化高素质的营销队伍和营销组织。例如，日本出现了专业营销企业和职业营销人员，他们与厂家签约负责产品的销售，这样使厂家节约营销费用，同时使社会分工更细。而在中国，各厂家要负责各自的营销，各自的营销理念和思维模式都不一致。有些部门或行业（如超市）面对

直接消费者，一般存在友好的服务态度，从服务中渗入许多人性因素，恰到好处的微笑，以及对人生每日一思的祝愿放入顾客的购物袋中，可以说是比较时尚的营销理念。

财务部门作为出谋划策、提供决策依据的部门，时常常认为营销部门的大量营业费用和预算用于广告、市场开发、促销和销售人员，用于市场的钱到底取得多大效果，到底能获得多少投资利润率，概念十分模糊。他们认为，营销部门根本没有考虑到整体的财务效果，仅是把目标放在自己的工作业绩上。甚至还认为，营销人员工作不力，时常折价销售，未考虑到折扣成本和获利能力，不懂得如何去理财，甚至为收不到货款而发愁，影响收益水平。营销人员认为，财务人员过于死板，把钱抠得太紧，限制用于市场开发的投资，常常因他们过于谨慎而丧失宝贵的市场机会，主要原因是回避自己应承担的风险，甚至认为提供的定价根本脱离市场不易实际操作，迫使他们只好凭经验办事，凭一些理论法则去判断。

三、市场营销和财务管理部门之间矛盾产生的原因

产生矛盾的原因是由两者的关系决定的。大家似乎都很努力地工作，然而效果却与当初计划相差甚远，财务成果也不让人满意，双方相互抱怨，双方都承认有效的财务支持是成功营销的前提。为什么会这样呢？他们之所以矛盾重重就在于缺乏沟通与合作，两者之间没有相互信任、相互依赖的平台，充满的是相互间的排斥。产生矛盾主要有以下几点原因：

1）工作程序不同。由于财务部与营销部职能不同决定了两个部门员工的工作程序与工作方法有很大差异。最具特点的是，营销部要求员工创造性地工作，每位营销员可以用自己认为最好的方式去挖掘新顾客，说服潜在顾客接受自己的产品或服务。财务部则要求员工按程序和制度工作，不能有一丝一毫的差错，如果发现钱与物、物与账、钱与账之间有一分的差错，都要把它寻找出来。

2）业绩评价。业绩评价有很多方法：财务指标、非财务指标、平衡记分卡、沃尔评分法等，在这里仅就对市场营销部门的业绩进行评价，略谈一二。由于市场营销是十分辛苦而又令人头疼的问题，并不是一个很好的、高素质的营销队伍，对市场上的所有产品都能获得十分好的业绩。正如营销新理念，它需要让顾客满意的产品和深入人心的人性化服务。因此，对营销部门的业绩评价往往会进入一个误区：有些管理者仅以市场份额、销售收入、营销费用等指标来限制。他们通常给营销部门下达各种硬性指标，如一年内要把市场份额、销售收入达到多少，同时销售费用又不能超过多少等。这种做法很容易引起营销人员的反感，甚至使他们想到离开。

3）薪酬分配。错误的业绩评价系统必然导致薪酬分配的不合理。有时业绩不好，营销人员得不到工资；相反，管理者却是高薪。这种反差使营销人员感到极为不公平。不公平的待遇使他们对工作产生了厌倦情绪，会对工作不负责任，损害企业利益，久而久之，进入恶性循环。失败的责任归咎于一个营销计划和业绩的成功与否，都存在一定的责任归咎问题，这时的营销部门很容易受到指责。财务说它不够谨慎，营销说财务保守。这种现象很常见，这种日积月累的积怨，使财务和营销的矛盾逐渐升级。

4）定价策略。财务人员往往根据自己的专长，采用加成定价、目标贡献定价、损益平衡定价，这里都有一定的比率作为高于成本的差异，往往会脱离市场；相反，市场营销人员根据各地的市场行情、消费者的收入水平、竞争对手的价格等采取竞争导向定价和需求导向定价，同时根据经验采取各种定价技巧及折扣定价技巧；而生产部门也可能根据产品所处的

生命周期的不同阶段来定价。

四、市场营销和财务管理部门之间矛盾解决策略

1）相互学习，加深了解。了解对方的工作和难处。财务部门要学习国外先进、具有时代气息的营销理念和营销理论，使每个人都体会到市场营销是一份十分辛苦的工作，并不是每个人都能做到的。营销人员也要学习财务知识，提供他们相互学习的机会，把每个人的思想和理念统一起来，只有达成共识，才能减少矛盾。实现营销与财务的友好沟通和合作，共同致力于企业的市场开发感悟和整体企业价值的提高，特别是营销费用和营销预算的制定，更需要两个部门的协作。成功的营销应是市场份额和企业价值的提高和统一。在现代市场经济发展的趋势下，企业应以营销为导向，盈利为目标，收款为保障。财务部门应结合市场营销人员提供的商业信息，扩大对其他业务的了解与合作，利用自己的各种财务知识对固定资产更新、投资可行性分析，对潜在市场进行合理预测，对销售渠道选择、广告费用的合理性及折扣成本的高低、价格的制定、新产品的开发与购买专利权之间的平衡、市场营销预算、存货控制成本等各方面进行调查研究，在此基础上进行科学管理。

2）价格方面，要根据市场营销人员提供的信息，财务人员随时改变加成比率来确定。同时，也不能把价格定得太死，给予市场营销人员在不同条件下选择价格的权力，这样就把他们的根本利益协调起来了。营销部门得到财务部门的协助，有了一定的财务依据，知道他们的做法对财务成果产生了何种影响，根据财务数据与市场机遇权衡利弊，从而迅速做出有价值的市场营销组合策略。

3）由于市场营销的业绩很难控制和评价，往往会使预算出现偏差，使营销人员挥霍资金或限制市场的开发。因此，定期的市场营销审计和沟通预算审计是对市场营销人员业绩评价和市场人员向财务人员提供及时市场信息的重要体现。鉴于我国企业的市场营销人员现状，若没有对市场营销体系的评价和审计是可怕的。很容易产生这样一种极为不和谐的情况：营销预算缺乏依据或依据不可靠，过多的预算争取到手后，用不到关键点上，很容易挥霍资金，企业增加过高的成本负担，有效的财务审计体系可以避免这一点。

4）建设市场导向的企业文化。市场营销不仅仅是市场营销部门的职能，而且是所有部门都应有的职能，即使是最好的市场营销部门，也不能弥补因其他部门缺乏对消费者的重视所带来的损失。财务部必须积极配合营销部和营销人员的工作，在整个企业树立市场导向型的企业文化。所有这些工作，会帮助营销人员树立工作信心、培养对企业的忠诚度、减少优秀营销人员跳槽，提高企业的整体营销业绩。

综上所述，业务部门对财务部门参与经营、对业务提供支持的要求正在不断提高，而财务部门要想真正参与到企业的经营中去，变成企业价值的创造者和管理者，就必须去了解业务，必须懂得业务部门的需求，只要对业务不了解，不论你是做财务总监、总会计师，还是在中层做财务部经理，你一定没有发言权。你想帮人家赚钱，可是人家说什么你都听不懂，怎么帮啊？这个时候就必须要沟通，要用各种方式去了解业务，学习业务。

可以说，财务部门正面临着巨大的挑战。如果说让业务部门理解企业的经营目标是股东价值最大化，是保持利润的可持续增长，因此需要和财务部门加强沟通，是知难行易的话；那么，让财务部门改变定位，为业务部门提供更多的增值服务，就是知易行难，因为财务人员必须去了解业务，熟悉业务，必须改变自己的知识结构，能够帮助业务部门进行成本分

析、定价分析，市场营销部门为财务管理部门提供丰富的经营成果，反之，财务管理部门则为市场营销部门提供强有力的资金支持，解决后顾之忧，两个部门之间相辅相成，真正使企业的运营成本降到最低，风险也在可控制之内，而最终的经营成果将使股东与经营者得到最大的满意，企业则会在不久的将来快速成长起来，一步一步地做大做强，走得更远。

随着知识经济的极大发展，企业的经营管理在发生着深刻的变化，企业中"人"的地位不断提高，企业开始要求员工更广泛、更积极地投入企业运作，并通过员工不断地学习和自身能力素质的提高，来达到企业繁荣和发展的目标。

第2节　财务人员应该如何自律

一、遵纪守法，切勿以身试法、主动犯罪

自身触犯法律是最直接，也是最能够规避的风险。遵纪守法，是每个工作人员的职业操守，只要依法守法，认真做好自己分内的事，这个所谓的法律风险就不存在。

对于财务人员而言，故意犯罪多表现为模仿领导签名从而进行贪污、挪用、侵占、提供虚假报告、偷漏国家税款等行为。如某出纳截留收入，某会计私刻印章将单位资金转入自己的私人账户，某财务负责人在企业办公会上提出以为职工谋福利为名私分国有资产并得以通过、实施，还有挪用公款导致企业资金亏空、卷款潜逃等。这种现象的产生，主要是财务人员私欲膨胀、铤而走险或侥幸心理过重的结果。

会做账不应该是体现在这种事情上，为了自己的私欲做假账。主动犯罪的结果，一定是受到法律严厉的制裁。当然，如果中途醒悟回头是岸，对于主动自首的人，法律还是会从轻发落的。

不过财务人员挪用公款的现象虽然存在，但毕竟只是少数，多数情况下，还是受胁迫完成的。

[案例] 出纳代签字案

某企业总经理在正常工作日时间交给单位出纳5000元的餐费发票，说是前几天陪客户吃饭的发票，要她拿去帮着把票贴一贴。该出纳拿到发票后，自己找了"票据报销单"和"粘贴单"贴好后，找财务经理签字，并向财务经理说明这是今天总经理拿过来的，要帮忙贴一下，财务经理也并不怀疑，就把字签了，然后拿着去找这位总经理签批，自然很顺利就签了字。之后，她从自己保管的保险柜中拿出5000元直接给了总经理。但这里面有一个问题：出纳只是让总经理在"批准人"一栏中签了字，而"报销人"和"领款人"两栏都是出纳代这位总经理签了字——其实她是出于好心，想既然是总经理安排的，并且已经过他批准了，其他这些"小事"就帮着做了吧。可事实上，这是她经验严重不足，后来事情的发展也证明了这点。大约一年后，这位总经理离任，企业安排做离任审计，大家知道，在离任审计中很重要的一项内容就是要查清总经理在任期内所报销的所有事项，包括金额、内容等。审计人员最后拉出一个清单，要总经理确认，这位总经理发现有一笔5000元的餐费报销，却怎么也想不起来，审计人员说这种事情好办，立即就把那笔5000元的报销单子找了出来，总经理仔细一看，马上就说"报销人和领款人虽然是我的名字，但都不是我签的

字。"这时审计人员也发现"批准人"一栏的字体明显和"报销人""领款人"的字体不相同，又把财务经理叫过来，财务经理一看就说这是出纳的笔体，那就把出纳叫过来，出纳一看就知道这笔单子是怎么回事，说这是哪年哪月哪日总经理交给的餐费发票，要我帮忙贴一下，我贴好领出钱来就给总经理了。

但是，现在的问题是总经理怎么也想不起来了，他不承认领过这笔钱。这可真把出纳给急坏了，因为总经理说是出纳自己把钱领走了，还要报案，说是出纳贪污企业财产；而从目前的证据来看，对出纳是很不利的，因为出纳并不能证明她将这笔钱交给总经理了，而"领款人"一栏又确实是她签的字。通过这个案例，我们能看到财务人员面临法律风险的一种类型。

二、该走的程序不能少，该签的名字不要替

财务报销有时候要走的程序可能会比较繁杂，可能需要这个领导那个经理签字什么的，这时候，作为会计，一定不能为了省事而代替领导签字，否则，出了事只能是自己"背锅"了。

总而言之，不管是公款还是私款，只要是从你手上过的账，一定要每笔登记清楚，更不要为了贪图方便，节省许多必要的环节。一定要把自己定义为第三方。

会计都爱说自己是高风险的职业，也是在企业中几头受气的岗位，实际上很大程度上是对相关风险的误解。做会计工作最重要的就是先把自己的责任推干净。会计有什么样的责任呢？我们先要把可能的风险进行一个罗列，看看具体存在哪些风险？我们以企业租赁办公场所为例进行相关探讨：

1. 租金的增值税及附加税、房产税风险

如果企业租赁办公场所房东没有缴纳增值税及附加税、房产税，这个风险原则上讲，是房东个人的风险，其纳税义务不在企业，企业也没有扣缴义务。所以，在增值税及附加税、房产税上，企业不存在补税风险，会计也不存在风险。

2. 没取得发票的风险

没有取得发票的行为违反了《发票管理办法》的行为，按《发票管理办法》的规定，如果因此导致对方少缴税，税务可以处以罚款。

所以，如果房东真没有缴税，而你没有收到发票的行为，可能面临房东少缴税相关罚款。

怎么办呢？办法有两个：

一是以房东的名义，去税务机关代开发票。但这样一来就会承担不小的税负。有些税务局不核定征收，要按规定来征税，则房产税比较重，尤其是商业用房。

这个可以写一个代开发票的请示，把税金算好，报领导批准。批准了，就没有你的事了，反正交的也是企业的钱。领导不批，就看下面的办法。

要点是，千万不能在合同、协议、文本上，留下同意其不开票的文字。最好能够明确要求房东提供发票。房东提不提供发票是房东的事，你要不要求他提供是你的事。尽到自己要求的义务就行了。一句话：不能有不要发票的证据，最好有索要发票的证据。

比如，经办人员甚至领导告诉你，对方肯定不会开发票，你就必须不能同意，凡合同中的这类表述一律删掉，还要加上索要发票的表述，内部资料上则要求经办人必须提供发票

等。但是，你提出发票的要求，并不坚持见票才付款。没有取得前，你可以先付款，让发票处理于索取的过程中。

房东、经办人员、企业领导他们往往只重视结果，不重视合同或证据。只要钱能付得到房东手上，往往就会同意。这样一来，未来不出事则罢，出事就可以把问题推到房东或者经办人员身上，对税务、对企业来说，相应的责任，都不在你了。

"报销人必须按会计要求提供发票，不然由其承担相关的责任后果。"不限制于报销必须要有票。这样，没有发票，你也可以在不违反制度的前提下，把钱付出去。

当然，入账时，不能直接以房东的收据入账，而要在收据上注明："本收据不代替发票使用，只证明收款，责成××继续向房东索要发票"，再找××签个字。这样又规避了"以其他凭证代替发票使用"的罚款风险。

3. 个人所得税的风险

这是真正的风险，也是难以回避的风险，只要房东不愿意给钱，就没有办法回避。

怎么办呢？首先是要正确理解这一风险的后果。

如果房东是单位或者个体户，就没有这个风险，因为你没有扣缴义务；否则的话，这是一个实实在在的风险。

所以，前期如果能够争取不跟自然人合作，或要求其注册成个体户，当然就会极大地规避个税的风险。

如果不扣房东的个税，有什么样的风险？这分为两种情况。

如果双方有书面合同或证据，约定1万元是"税后1万元"，那么，当支付给房东1万元时，相当于已经扣了个税，如果这时不向税务申报，则行为是"扣而不缴"，非常严重，税务查到后，后果就是补税、滞纳金、0.5～5倍的罚款。并且，个税计算的基数大，租金相当于1.46万元。所以，有"税后"的约定，企业的风险大。

反之，如果双方没有约定"税后1万元"，那么支付给房东1万元而没有扣除税，则行为是"未扣未缴"，风险就小了。税务查到后，不存在补税和滞纳金，而是0.5～3倍的罚款。税务只能向房东追征税款。此时，个税计算的基数小，租金只有1万元。所以，没有约定"税后"，企业的风险小。

当然，0.5～3倍的罚款，也是不可轻看的，税务一般不愿意自己找个人征税，会要求企业自己把税款垫上，这样罚款可能从低。划不划算应该自己计算和判断。

所以，个税的风险是实实在在的。当签订合同时，会计就要提出发票、个税的问题和要求，强调"税前金额"和"税后金额"的差别，并把税款和风险计算出来。

4. 找发票冲账的风险

因为房租没有发票，钱又要出去，对于非两套账的企业来说，找发票冲账就成为个别会计最容易想到的方法。

找发票冲账，本质上是用另一个费用来掩盖房租，最大的问题就是费用不真实，不真实的费用不合于企业经营常规，所以，容易被税务怀疑，从而发现问题，发现后就要补企业所得税，因为不真实的费用不能扣除。

找发票报账的事，如果会计知情，比如有证据证明你参与了，甚至主导了；或者应该知情，比如显然是一笔不可能发生的费用，你也给报销了。这样，会计本人就有责任了。

所以，会计对此要注意，为防万一，必须要不知情，并且不应该知情。就是让别人找不到你知情的证据，相关证据也不支持你应该知情。

不知情好办，说自己不知情就行了。不应该知情的判断要麻烦一点，因为会计是专业人士，持证上岗，难以用"水平不够"之类的借口来推脱。

比如，会计虽然不知情，但业务员拿来一张办公用品的发票报销，事后查到是虚开的。这些办公用品量太大，或者不适用于本企业，你要是给报销了就很难说自己不应该知情。反之，如果内部有部门的确签收了这批办公用品，那么，你的确就可能不应该知情了。

又如，为了防止企业没有房租费用，业务员可能拿一张别人的房租发票报销，就要看有没有相关合同，地址对不对。如果一眼可以看出地址不对，也难以证明你不知情。

所以，找其他发票来冲账，就会出现新的风险。一般来说，主要规避的是虚开发票的风险。

5. 如果没有发票，入账后所得税不纳税调增，有没有风险

这种情况，实际上对会计个人的风险是很小的。

首先，如前所述，会计要督促相关人员催要发票，就可以把自己的责任推掉；其次，只要租赁行为本身是真实的，则会计的账就不存在舞弊，不存在职业风险，因为实质重于形式是《会计准则》的要求；最后，税务查企业所得税的时候，会不会要求调增补企业所得税，这个事情更复杂。原则是：补企业所得税，找不到法律依据。

6. 不合法风险

因为是不合法的风险，所以也就没有明确章程。实际上，这才是最大的风险。面对这样的风险，没有确定的应对办法，我的建议是：会计必须要全面学税务规则。

如前所述，大家可以看出来，学税法，必须要为自己学税法。尽量为企业、为管理者、为自己规避风险，学真东西。从我的经验来说，同样是不合法的风险，税务规则把握得越牢的会计，抗风险能力就越高。

现实中，真实情况往往更为复杂，可能一开始是受胁迫的，后来慢慢地变成自主行动了，因此，作为财务人员要深刻地意识到自身因为职业原因而产生的法律风险，并对其产生的根源有一个清醒的、总括的认识，这样才可能有效地进行自我保护，它也是有效进行自我保护的基础。

第5章
Chapter 5
实际案例的财法税风险分析

案例 1　汽车 4S 店销售顾问"卷款跑路"

买车本来是一件很开心的事，但却总担心这担心那，除了选择信誉度较好的汽车 4S 店外，还要看对人才行！某家汽车 4S 店的销售人员收了多名车主的购车款后就人间蒸发，这难道又是"卷款跑路"？

据媒体报道，陈先生于 2018 年 12 月在汽车 4S 店买车，12 月底先后交了 17 余万元车款，销售顾问徐某和他约定 2019 年 1 月 10 日提车。可是到了提车日期，陈先生一直都没联系上接待他的销售顾问，到店里被告知他没来上班。说起提车事宜后，工作人员一查，发现陈先生之前缴纳的 17 余万元车款并未存入 4S 店的账户内，因此无法提车。

陈先生说，当时交钱时销售顾问徐某带他在 4S 店买保险的地方刷了卡，还签了销售订单，订单上还盖着 4S 店的公章，咋就不能提车了！

陈先生提供了一份"汽车 4S 店销售订单"，订单上写明了陈先生所购买的车型、价格以及 17 余万元的购车订金，并且订单上盖着汽车 4S 店网点业务章。

还有其他的消费者和陈先生一样遭遇了这种事，李先生当时也是通过徐某交了 14 余万元车款，在提车时才发现对方已经失联。另外，还有不少车主，首付交完却无法提车，或无法办理临牌等。

车主来到店内讨要说法时，4S 店方面坚持没收到钱不能给他们提车。负责人表示，企业向顾客收钱都是在财务室进行的，并且无论收多少钱都会给顾客提供收据或发票等手续，徐某带顾客交钱的地方是 4S 店给各保险企业提供的办公场所，企业不参与保险企业的管理。

而且，车主提供的仅仅是一张销售订单，虽然盖有网点业务章，但 4S 店总经理表示单子只是意向合同，钱付给店方后会有正规收据。

随后，销售顾问徐某的家人也来到了 4S 店了解事情的原委，但也无法与徐某取得联系，徐某还给亲戚留了一封"诀别信"。

车主无奈向当地派出所报案处理。4S 店方表示，徐某已经在店里工作了 3 年多，他们将积极寻找徐某配合警方调查。据了解，汽车 4S 店从 2018 年 9 月底开始被某集团所收购。

现在，消费者购车，除了要提防 4S 店是否资金链紧张，经营是否可靠之外，还要谨防一些不怀好意的汽车销售人员。据了解，汽车销售人员利用不法手段拿走购车人款项，4S 店可能需要承担相应的责任。

案例分析：

从此案例来看，虽然是4S店销售顾问个人的欺诈行为导致消费者上当受骗的，但该销售顾问是4S店的员工，并且他也是在履行职务的过程中实施的诈骗行为。作为消费者选择在此4S店购车，是基于对该4S店的信任，且消费者对4S店内部制定的购车流程，如收款地点、付款后4S店开具的单据等并不熟悉，所以发生这样的事件难免会让消费者对4S店产生负面评价，从而对4S店信誉造成严重的负面影响。

此案例从表面上看是收付款环节出了问题，但其实涉及4S店的整体管控，梳理如下：

1）4S店一般都会提供场所给各保险企业，并不进行管理。但4S店应该与入驻的各保险企业签订协议予以约定，即4S店的销售人员不能以任何理由通过保险企业收取客户的款项，或约定保险企业在收取客户款项前应与4S店财务部核实后方可收取，否则由此造成的纠纷由各保险企业承担。在此案例中，销售人员就是钻了这个空子，在大额的交易中，如果让客户付款给自然人，客户一般都会提高警惕不予支付，所以这个销售人员让客户通过4S店的保险企业刷卡，从而成功套取客户的购买款项。

2）在该案例中，销售人员私刻了业务章给客户，以骗取客户的信任。私刻业务章的行为属于销售人员个人故意的违法行为，4S店是难以管控其个人行为的。但防范这个风险，也不是没有办法。在4S店内的醒目位置贴上告示，4S店收款实行的是与销售人员分离制度，及付款客户取得的材料等相关流程。使来店里了解、购买车辆的客户一眼能看到，且版面设计也应一目了然。

案例2　汽车试驾车被抢事件

2017年3月29日下午，某汽车4S店发生试驾车被抢事件。一名外地男子以试驾名义坐上一辆价值25余万元的试驾车，并甩开业务员将汽车开走。据该店销售人员回忆，3月29日下午2点多，一名样貌在25岁左右、身高在175cm左右的男子来到店内表示已经预约过试驾，并指定这辆最新款的车型。当销售人员办好试驾手续后，该男子打开车门坐进驾驶室，并以指挥倒车为由将销售人员支开，随后将车辆开走。

案例分析：

从此案例来看，试驾环节规范流程梳理如下：

1）在试驾前应核查试驾人员的身份证原件并复印留存，以防后期发生纠纷或损害时，能第一时间知悉消费者的身份信息，高效处理纠纷。在此案例描述中，销售人员并没有核实消费者的身份信息，虽办理了试驾手续（在此推定客户只口头报了身份证信息），但有可能客户提供的身份证信息是虚假的，即使4S店向公安机关报案，公安机关侦破案件也需要确定犯罪嫌疑人的身份信息，如果4S店当时可提供该人的身份信息，那么将缩短公安机关的破案时间，破案效率将大大提高，能够提升4S店追回损失的可能性。

2）在试驾前应办理试驾手续，签订试驾协议。签订试驾协议的目的是防范试驾过程中4S店可能承担的风险。在试驾协议中，应就试驾过程中的各种风险进行预见，并在协议中约定出现这些风险时各方应承担的责任，当然该责任的承担应在法律法规的范围内，不能违反法律规定，否则该约定应属无效。例如在协议中约定因4S店试驾过错给消费者造成人身损害的，4S店可以免责，此约定违反了《中华人民共和国合同法》第五十三条，当然无效。

在本案例中，4S店办理了试驾手续，虽然签订了试驾协议，但是本案中的抢车男子触犯的是刑法，试驾协议只能就民事范围进行约定，此男子自有公权力机关对其进行惩罚。在4S店的实际试驾中，难免会有民事纠纷风险，故签订试驾协议是在提供试驾服务时必不可少的一个流程。

3）对销售人员进行试驾流程的培训，培养他们的风险防范意识。无论试驾协议拟定的多么完美，都不可能免除4S店所有的风险。提供试驾服务的是4S店的工作人员，所以在实际试驾服务中，工作人员本身具有较高的风险意识很重要。工作人员的风险意识提高，才能在很大程度上规避风险的出现。在本案例中，该4S店的销售人员缺乏风险意识，任由车辆脱离管控，导致了车辆被抢的后果。

案例3　新买汽车制动无效

白先生在2019年买了一辆汽车，裸车花了12.98万元，开了还不到3个月就频繁出现问题。第一次在路上，突然间发现制动踏板踩不下去，然后车直接蹿了出去，撞到了停在旁边的车，赔了3800元。第二次，再次发生制动失灵，连忙拉驻车制动手柄加踩制动踏板才停了下来。第三次，刚出小区门口，制动就直接失灵，在经过了三个减速带之后才停下来。这三次都是在车速不快的情况下发生的，所幸没有出现什么大事。但是这件事是怎么解决的呢？经销商说失灵的制动器零部件都已经换掉了，为什么失灵三次了还不给白先生进行换车或者其他解决方案，而只是换掉制动器零部件？经销商给出的说法让白先生目瞪口呆：一般要五次失灵才会退车或换车！这简直是拿消费者的生命来做实验，以为每个消费者都有五条命？白先生自己都感慨不知道第四次发生后有没有机会给4S店打电话了。

案例分析：

按照《中华人民共和国消费者权益保护法》第二十四条的规定，经营者提供的商品不符合质量要求的，消费者可以依照国家规定、当事人约定退货，或者要求经营者履行更换、修理等义务。没有国家规定和当事人约定的，消费者可以自收到商品之日起七日内退货；七日后符合法定解除合同条件的，消费者可以及时退货，不符合法定解除合同条件的，可以要求经营者履行更换、修理等义务。

在本案例中，白先生告知4S店其购买的车辆发生制动失灵事件，从案例描述来看，车辆已售出3个月，也没有出现法定解除合同的情形，故4S店可以履行的是对车辆予以更换、修理的义务。4S店履行了修理义务，即更换了制动器零部件。如果要求4S店对车辆进行修理是白先生提出的，4S店对车辆进行检测后，确属制动问题并更换了零部件，那么4S店的处理方法并没有问题。但在本案例中，白先生其实是想更换车辆。依据上述法律的规定，消费者是有权利选择要求4S店是予以更换，还是修理的义务的。在本案例中，4S店剥夺了消费者的自主选择权。

另外，依据《中华人民共和国消费者权益保护法》第四十条规定，消费者在购买、使用商品或因商品缺陷的原因，其人身或财产的合法权益受到损害的，可以向销售者要求赔偿。销售者赔偿后，属于生产者的责任或者属于向销售者提供商品的其他销售者的责任的，销售者有权向生产者或者其他销售者追偿。

在本案例中，假设4S店在听了白先生的描述后，采用头痛医头，脚痛医脚的方法，疏忽大意没有进行全面检测即更换制动零部件，如白先生之后万一发生人身或财产损害，则在发生诉讼纠纷时，因4S店本身是有过失的，就会有可能会向消费者承担相应的赔偿责任，且不能向生产者进行追偿。所以在消费者提出车辆故障并要求4S店履行修理义务时，4S店一定不能马虎处理。

案例4　汽车4S店一夜之间人去楼空

2018年3月11日，一夜之间"蒸发"了两家4S店，人去楼空，同属一家企业的另一家4S店也大门紧闭。4S店员工表示前一天还正常营业，第二天来上班便发现店里一片狼藉，管理者已经"跑路"了。很多车主还没有拿到合格证，甚至有部分车主直接把展车搬走。管理者"跑路"，受害的不仅是合格证还没到手的车主，还包括企业的员工。这家企业已经拖欠员工4个多月的工资。

案例分析：

在整体商业大环境不太景气的情况下，4S店人间"蒸发"、管理者"跑路"的事情时有发生，在此我们主要梳理下4S店管理者的法律风险。假设该4S店是以个人独资企业或有限责任企业的形式设立的，那么归还拖欠员工的工资、清偿债务、向车主发放合格证书等义务，通过法律程序解决时，承担责任的主体是设立的个人独资企业或有限责任企业，即独立的法人组织。在这样的法律规定情况下，有很多企业主就通过设立法人组织规避自己应担的责任。

为了解决上述现状，在2016年我国最高人民法院出台《最高人民法院关于民事执行中变更、追加当事人若干问题的规定》，对此种现象做出了明确具体的规定，即在司法执行程序中，个人独资企业不能清偿生效法律文书确定债务时，个人独资企业的投资者可被追责，法院可直接执行该投资者的财产；在有限企业财产不足以清偿生效法律文书确定的债务时，未足额缴纳出资的股东、出资人或依企业规定对该出资承担连带责任的发起人在尚未缴纳出资的范围内、抽逃出资的投资者在抽逃出资的范围内、未依法履行出资义务即转让股权的投资人在未依法出资的范围内、未经清算即办理清算的企业股东应当承担偿还债务的义务，并且如果是一人有限企业，如投资人不能证明企业财产与其个人财产分别独立，投资人就需对企业债务承担连带责任。

另外，2017年最高人民法院修改出台法释〔2013〕17号《最高人民法院关于公布失信被执行人名单信息的若干规定》，依据该规定，有履行能力而拒不履行生效法律文书确定义务的、隐匿、转移财产等方法规避执行的被执行人，可被纳入失信被执行人名单。一旦被纳入失信被执行人名单，则不能乘坐高铁、列车软卧、飞机，被限制住宿较高星级宾馆，被限制购买不动产，在一定范围内不能旅游、度假，将给自己的必要生活或工作行为造成严重影响。

所以，作为4S店的投资者在发生债务纠纷、资不抵债等情形时，还是需要合理合法地予以解决，而不能一跑了之。

案例5　购车订金到底是否可以退还给客户

张女士在车展期间，订购了一辆汽车，当时支付了1万元预付款订金，并且双方签订了购车合同。但在预订车辆几天后，销售人员突然通过微信通知张女士应根据企业要求，需要再次补交1万元订金才能交付车辆。张女士认为只是网络转账，而且销售人员无法提供收据或发票等证明，因此拒绝支付另外1万元订金。

事后，4S店相关人员通知张女士到展台协商，但当张女士来到展台后却被告知必须购买车辆，否则将无法退还订金。尽管张女士多次与其协商，但相关人员始终认为是张女士存在违约行为，因此订金无法退还。而张女士认为，她交付的是订金，在收据上也写得清清楚楚，而且在交付1万元订金后又要再交1万元订金，这并不合理。

案例分析：

在本案例中，必须首先明确在法律中，"定金"与"订金"之间的区分。

依据《中华人民共和国民法通则》第八十九条第三项的规定，给付定金的一方不履行债务的，无权要求返还定金；接受定金的一方不履行债务的，应当双倍返还定金。按照此规定，定金具有违约金的性质。另依据《最高人民法院关于适用〈中华人民共和国担保法〉若干问题的解释》第一百一十八条规定，如果当事人交付的为订金，但没有约定订金性质的，当事人主张订金权利的，人民法院不予支持。从上述两个规定来看，如果付款方违约，定金可以当然不退，但如果是订金，则不具有此法定效力。

在本案例中，张女士与4S店已经签订购车合同，4S店事后要求多加1万元订金，且通过网络转账不开具收据或发票的要求是不合理的。张女士后来要求退款是合情合理的，并且4S店开具的收据上注明的是订金，并不具有当然扣除不予返还的定金效力，所以如果张女士将此争议提交司法程序的话，其获得支持的可能性是很高的。

案例6　客户在汽车4S店购车后发现购车时的信息与实际信息不符

王先生于2017年5月30日在汽车4S店选购车辆，因第一次购车不懂购车事宜，且在购买车辆时销售人员也未告知此车辆的生产日期为2016年9月，而被4S店在车身上悬挂的"20XX新款某车型"信息所误导，回家看到出厂合格证后发现所买车辆为8个月的长时间放置库存车，车辆空调出风口、车门等位置有大量清理不掉的尘土和油渍，前风窗玻璃有裂纹。于是，王先生要求4S店给出一定合理解释及赔偿或退换车辆，但4S店没有给出回应。投诉厂家也没有任何回应。

案例分析：

从此案例描述来看，4S店隐瞒了车辆为长时间库存车的事实，并且在车身上悬挂"20XX新款某车型"等信息误导消费者，侵犯了客户作为消费者的知情权。依据《中华人民共和国消费者权益保护法》第二十条的规定，经营者在向消费者提供有关商品的质量、性能、用途、有效期限等信息时，应当真实、全面，不得作虚假或者引人误解的宣传。经营者对消费者就其提供的商品或者服务的质量和使用方法等问题提出的询问，应当作出真实、明确的答复。此 4S 店涉及欺诈消费者，因此消费者是可以要求 4S 店赔偿或退换车辆的。

另外，国家为了打击经营者的欺诈行为，在《中华人民共和国消费者权益保护法》第五十五条规定了惩罚性赔偿，即经营者提供商品或者服务有欺诈行为的，应当按照消费者的要求增加赔偿其受到的损失，增加赔偿的金额为消费者购买商品的价款或者接受服务费用的三倍。增加赔偿的金额如此之高，所以建议 4S 店在实际经营中，还是应该向消费者说明车辆的实际情况，以免除承担巨大的金额赔偿责任。

小马说道："小王，以上就上我们 4S 店所有的财务工作内容，以及在财务工作中如何规避企业及个人风险的内容，希望你以后可以在工作中慢慢领悟。"

作者言：4S 店的财务工作说起来简单，但业务类型繁杂，在应对时需要格外注意内、外部风险，切勿妄加判断。此书作为 4S 店财务会计、主管、经理日常使用工具书籍，以贴合实际为出发点，解决了 4S 店财务人员上手难、上手慢的问题。